爲善者는 天報之以福하고
爲不善者는 天報之以禍니라.
勿以惡小而爲之하고
勿以善小而不爲하라.

一日行善이면 福雖未至나 禍自遠矣요
一日行惡이면 禍雖未至나 福自遠矣니라.

順天者는 存하고

若人이 作不善하여 得顯名者는
人雖不害나 天必戮之니라.
種瓜得瓜요 種豆得豆니 天網이
恢恢하여 疎而不漏니라.

一日不念善이면
諸惡이 皆自起니라.
見善如渴하고 聞惡如聾하라.
善事란 須貪하고 惡事는 莫樂하라.

癡聾痼도 家豪富요
智慧聰明도 却受貧이라
年月日時 該載定하니 算來由命不由人이니라.

終身行善이라도 善猶不足이요
一日行惡이라도 惡自猶餘니라.
恩義를 廣施하라 人生何處不相逢이라
讐怨을 莫結하라 路逢狹處면 難回避니라.

行善之人은 如春園之草하여
不見其長이라도 日有所增하고
行惡之人은 如磨刀之石하여
不見其損이라도 日有所虧니라.

인성교육을 위한
청소년 인문학 글쓰기

명심보감
필사노트

범입본 원저 | 시사정보연구원 편저

시사패스
SISAPASS.COM

인성교육을 위한 청소년 인문학 글쓰기

明心寶鑑 명심보감 필사노트

9쇄 발행   2023년 9월 10일

원저자   범입본
편저자   시사정보연구원
발행인   권윤삼
발행처   도서출판 산수야

등록번호   제1-1515호
주소   서울시 마포구 월드컵로 165-4
우편번호   03962
전화   02-332-9655
팩스   02-335-0674

ISBN 978-89-8097-404-7   43190

인성교육을 위한 청소년 인문학의 보고『명심보감』

요즘 인성교육이란 말을 흔히 듣습니다. 건전하고 올바른 인성을 갖춘 시민을 육성하여 국가 사회의 발전에 이바지함을 목적으로 하는 인성교육법이 시행되고 있기 때문이기도 합니다.

교육현장에서 강조하고 있는 인성교육이란 무엇을 말하는 것일까요?

인성교육이란 자신의 내면을 가꾸고 타인이나 공동체와 더불어 살아가는 데 필요한 역량을 기르는 교육을 말해요. 즉, 우리 내면에 살아 있는 양심을 온전히 계발하여, 언제 어디서나 당면한 문제를 적극적으로 해결하는 '양심적 리더'를 키워 내는 것이지요.

인간은 기본적으로 양심과 욕심을 타고납니다. 우리는 양심을 갖고 태어나기 때문에 타인의 마음에 공감할 수 있고, 잘못된 것을 보면 부당하다고 여기며, 옳고 그름을 판단하고, 무엇이 무례한지, 무엇이 아름다운지를 파악할 수 있습니다. 이런 능력은 우리의 내면에 내재되어 있다가 적정한 나이가 되면 드러납니다.

"양심의 명령을 따르는 것이 최고의 인성교육이다."라고 합니다. 이 말이 대변하듯이 우리는 인문학의 지혜를 통해 '양심적 리더'로 성장할 수 있답니다. 우리가 인문학을 공부하는 것은 우리의 내면에 내재되어 있는 양심을 계발하기 위해서지요.

인성교육을 의무로 규정한 인성교육진흥법이 실행되었습니다. 왜 인성교육법이 만들어졌을까요? 왜 우리 사회의 중요한 화두가 되었을까요? 우리 주변, 사회 곳곳에서 일어나고 있는 폐해가 인성교육의 부재에서 나온다는 결론에 다다른 것입니다. 학생들은 집단 따돌림과 폭력에 시달리다가 극단적인 선택을 하게 되는 일들이 종종

3

발생합니다. 모든 관심사들이 대학을 목표로 오로지 공부만 중요시했기 때문이며, 인성교육을 소홀히 했다는 자성의 목소리가 나오면서 인성교육의 필요성이 대두된 것입니다.

내가 무엇을 좋아하고 잘하는지, 어떤 것에 흥미가 있는지, 어떤 삶을 꿈꾸는지, 어떤 사람이 되기를 원하는지 등을 구체적으로 탐구하면서 자신을 되돌아볼 시간이 필요합니다. 자신이 진정으로 원하는 삶과 꿈을 찾기 위해서는 무엇보다 자신을 먼저 알아야 합니다. 자신을 알아가는 과정이 바로 인성교육의 첫걸음이기도 하지요. 타고난 양심을 제대로 계발하려면 학습이 필요합니다. 교과과정에서 깊이 있게 배울 수 없는 것들을 탐구하고 학습하는 것이 필요하지요. 우리의 내면을 알게 하고 생각을 깊고 넓게 하는 학문 중 대표적인 것이 바로 인문학입니다. 널리 쓰이고 있는 문사철(文史哲)이란 문학, 역사, 철학을 아울러 이르는 말로 인문학이라고 분류되는 대표 학문을 말하며, 지성인이 기본적으로 갖추어야 하는 교양을 의미합니다.

청소년들의 인문학적 소양을 갖추기 위해 본사는 인성교육을 위한 청소년 인문학 글쓰기 명심보감 필사노트를 출간하게 되었습니다. 명심보감은 1393년 명나라의 학자인 범입본이 중국 고전에서 가려 뽑은 다양한 격언과 금언, 속담, 문장들을 엮어서 만든 책이랍니다. '마음을 밝히는 보배로운 거울' 이라는 뜻을 담고 있는 명심보감은 우리가 살아가면서 부딪히는 모든 일 즉, 부모님께 어떻게 효도를 해야 하는지, 몸과 마음을 어떻게 갈고 닦을 수 있는지, 공부를 게을리하면 안 되는 이유는 무엇인지, 말을 함부로 하면 왜 안 되는지, 어떤 친구를 사귀어야 하는지, 집안과 나라는 어떻게 다스려야 하는지 등에 관한 해답을 담고 있는 책이지요. 이 책은 청소년들에게 꼭 필요한 명심보감 구절을 한자와 한글을 쓰면서 익힐 수 있도록 기획했답니다. 인문학의 중심이 되는 골자, 또는 요점이라고 불리는 내용들을 손으로 쓰면서 마음에 새길 수 있도록 만들었기 때문에 깊은 사고와 함께 바르고 예쁜 글씨도 덤으로 익힐 수 있어요. 옛 성인들의 말씀을 통하여 지식에 대한 흥미, 사회에 대한 흥미, 자신의 미래, 인간에 대한 이해와 통찰을 배우기를 희망합니다. 마음의 양식을 오랫동안 기억할 수 있도록 편집했으니 꼭 활용하여 내 것으로 만들어 보세요.

★ 차례

★ 한자의 형성 원리

1. 상형문자(象形文字) : 사물의 모양과 형태를 본뜬 글자

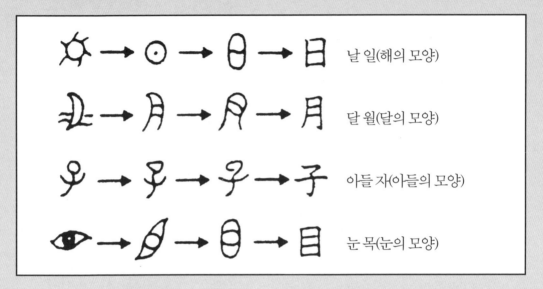

2. 지사문자(指事文字) : 사물의 모양으로 나타낼 수 없는 뜻을 점이나 선 또는
부호로 나타낸 글자

3. 회의문자(會意文字) : 이미 만들어진 글자를 2개 이상 합한 글자

人(사람 인) + 言(말씀 언) = 信(믿을 신) : 사람의 말은 믿는다.

田(밭 전) + 力(힘 력) = 男(사내 남) : 밭에서 힘써 일하는 사람.

日(날 일) + 月(달 월) = 明(밝을 명) : 해와 달이 밝다.

人(사람 인) + 木(나무 목) = 休(쉴 휴) : 사람이 나무 아래서 쉬다.

4. 형성문자(形聲文字) : 뜻을 나타내는 부분과 음을 나타내는 부분을 합한 글자

口(큰입 구) + 未(아닐 미) = 味(맛볼 미)   左意右音 좌의우음

工(장인 공) + 力(힘 력) = 功(공 공)   右意左音 우의좌음

田(밭 전) + 介(끼일 개) = 界(지경 계)   上意下音 상의하음

相(서로 상) + 心(마음 심) = 想(생각 상)   下意上音 하의상음

口(큰입 구) + 古(옛 고) = 固(굳을 고)   外意内音 외의내음

門(문 문) + 口(입 구) = 問(물을 문)   内意外音 내의외음

5. 전주문자(轉注文字) : 있는 글자에 그 소리와 뜻을 다르게 굴리고(轉)
                        끌어내어(注) 만든 글자

樂(풍류 악) → (즐길 락 · 좋아할 요)   예) 音樂(음악), 娛樂(오락)

惡(악할 악) → (미워할 오)   예) 善惡(선악), 憎惡(증오)

長(긴 장) → (어른 · 우두머리 장)   예) 長短(장단), 課長(과장)

6. 가차문자(假借文字) : 본 뜻과 관계없이 음만 빌어 쓰는 글자를 말하며 한자의 조사,
                        동물의 울음소리, 외래어를 한자로 표기할 때 쓰인다.

東天紅(동천홍) → 닭의 울음소리

然(그럴 연) → 그러나(한자의 조사)

亞米利加(아미리가) → America(아메리카)

可口可樂(가구가락) → Cocacola(코카콜라)

弗(불) → $(달러, 글자 모양이 유사함)

伊太利(이태리) → Italy(이탈리아)

亞細亞(아세아) → Asia(아세아)

★ 한자 쓰기의 기본 원칙

1. 위에서 아래로 쓴다.
言(말씀 언) → ` ー ニ 亖 言 言 言
雲(구름 운) → ー 厂 厈 币 币 雨 雪 雪 雲 雲

2. 왼쪽에서 오른쪽으로 쓴다.
江(강 강) → ` 丶 氵 氵 沪 江 江
例(법식 예) → 丿 亻 亻 伢 佴 例 例 例

3. 가로획과 세로획이 겹칠 때는 가로획을 먼저 쓴다.
用(쓸 용) → 丿 冂 月 月 用
共(함께 공) → ー 十 丗 丗 共 共

4. 삐침과 파임이 만날 때는 삐침을 먼저 쓴다.
人(사람 인) → 丿 人
文(글월 문) → ` 亠 テ 文

5. 좌우가 대칭될 때에는 가운데를 먼저 쓴다.
小(작을 소) → 亅 小 小
承(받들 승) → ⁷ 了 了 承 承 承 承 承

6. 둘러 싼 모양으로 된 자는 바깥쪽을 먼저 쓴다.
同(같을 동) → 丨 冂 冂 同 同 同
病(병날 병) → ` 亠 广 广 扩 疒 疒 病 病 病

7. 글자를 가로지르는 가로획은 나중에 긋는다.
女(여자 녀) → 乚 女 女
母(어미 모) → 乚 旦 母 母 母

8. 글자 전체를 꿰뚫는 세로획은 나중에 쓴다.
車(수레 거) → ー 厂 行 行 目 車 車
事(일 사) → ー 厂 行 目 写 写 事

8

9. 책받침(辶, 廴)은 나중에 쓴다

　近(원근 근) → 　丿 厂 斤 斤 斤 近 近

　建(세울 건) → 　フ ヨ ヨ ヨ ヨ 聿 聿 建 建

10. 오른쪽 위에 점이 있는 글자는 그 점을 나중에 찍는다.

　犬(개 견) → 　一 ナ 大 犬

　成(이룰 성) → 　丿 厂 厂 厈 成 成 成

■ 한자의 기본 점(點)과 획(劃)

　(1) 점

　　① 「丶」: 왼점　　　　　　　② 「丶」: 오른점

　　③ 「丶」: 오른 치킴　　　　　④ 「丶」: 오른점 삐침

　(2) 직선

　　⑤ 「一」: 가로긋기　　　　　⑥ 「丨」: 내리긋기

　　⑦ 「→」: 평갈고리　　　　　⑧ 「丨」: 왼 갈고리

　　⑨ 「レ」: 오른 갈고리

　(3) 곡선

　　⑩ 「丿」: 삐침　　　　　　　⑪ 「丿」: 치킴

　　⑫ 「丶」: 파임　　　　　　　⑬ 「辶」: 받침

　　⑭ 「亅」: 굽은 갈고리　　　⑮ 「乀」: 지게다리

　　⑯ 「乀」: 누운 지게다리　　⑰ 「乚」: 새가슴

少 ① ②	火 ③ ④	主 ⑤	伸 ⑥	揮 ⑦ ⑧	表 ⑨
冷 ⑩ ⑪ ⑫	送 ⑬	乎 ⑭	式 ⑮	忠 ⑯	兄 ⑰

청소년 인성교육 명심보감 필사노트
이렇게 활용하세요!

* 명심보감은 인문학 최고의 지침서로 꼽는 책입니다. 문사철의 핵심을 간추린 인성교육의 보고로 손꼽는 책이 바로 마음을 밝히는 보배로운 거울, 『명심보감』이랍니다. 인성을 기르는 최고의 책으로 손꼽히니 여러분의 마음에 새겨서 자신의 것으로 만드는 것이 무엇보다 중요하답니다. 마음에 새겨 놓으면 어떤 일이 닥쳐왔을 때 지혜를 발휘할 수 있기 때문이지요.

* 매일매일 명심보감 문장을 하나씩 소리 내어 익혀봅시다. 스스로 학습 시간을 정해서 명심보감의 문장을 소리 내어 읽고 직접 손으로 쓰면서 마음에 새기도록 합니다. 우리의 생활에 꼭 필요한 내용들을 담고 있기 때문에 내면이 바르고 성숙한 인격체로 성장할 수 있도록 도와줍니다.

* 두뇌 발달과 사고력 증가, 집중력 강화에 좋아요. 우리의 뇌에는 손과 연결된 신경세포가 가장 많습니다. 손가락을 많이 움직이면 뇌세포가 자극을 받아 두뇌 발달을 돕게 됩니다. 어르신들의 치료와 질병 예방을 위해 손가락 운동을 권장하는 것도 뇌를 활성화시키기 위해서랍니다. 많은 연구자들의 결과가 증명하듯 글씨를 쓰면서 학습하면 우리의 뇌가 활성화되고 기억력이 증진되어 학습효과가 월등히 좋아진답니다.

* 혼자서도 맵시 있고, 단정하고, 예쁘고 바른 글씨체를 익힐 수 있습니다. 명심보감의 문장을 쓰다 보면 삐뚤빼뚤하던 글씨가 가지런하고 예쁜 글씨로 바뀌게 된답니다. 글씨는 예부터 인격을 대변한다고 하잖아요. 명언을 익히면서 가장 효율적인 학습효과를 내는 스스로 학습하는 힘을 길러줌과 동시에 단정하고 예쁜 글씨를 쓸 수 있도록 이끌어 줄 거예요.

爲善者는 天報之以福하고
爲不善者는 天報之以禍니라.
勿以善小而不爲하고
勿以惡小而爲之하라.

一日行善이면 福雖未至나 禍自遠矣요
一日行惡이면 禍雖未至나 福自遠矣니

順天者는 存하고
逆天者는 亡이니라.
惡이 若滿이면 天必誅之니라.

若人이 作不善하여 得顯名者는
人雖不害나 天必戮之니라.
種瓜得瓜요 種豆得豆니 天網이
恢恢하여 疎而不漏니라.

一日不念善이면
諸惡이 皆自起니라.
見善如渴하고 聞惡如聾하라.
善事란 須貪하고 惡事는 莫樂하라.

瘂聾痼瘂도 家豪富요
智慧聰明도 却受貧이라
年月日時 該載定하니 算來由命不由人이니라.

終身行善이라도 善猶不足이요
一日行惡이라도 惡自猶餘니라.
恩義를 廣施하라 人生何處不相逢이라
讎怨을 莫結하라 路逢狹處면 難回避니라.

行善之人은 如春園之草하여
不見其長이라도 日有所增하고
行惡之人은 如磨刀之石하여
不見其損이라도 日有所虧니라.

繼善篇
계선편
(착한 일을 하는 방법)

爲善者는 天報之以福하고
위 선 자　천 보 지 이 복

爲不善者는 天報之以禍니라.
위 불 선 자　천 보 지 이 화

- 공자

착한 일을 하는 사람에게는 하늘이 복으로 갚아주고, 착하지 않은 일을 하는 사람에게는 하늘이 재앙으로 갚는다.

爲	善	者	天	報	之	以	福	爲	不
할 위	착할 선	놈 자	하늘 천	갚을 보	갈 지	써 이	복 복	할 위	아닐 불

善	者	天	報	之	以	禍			
착할 선	놈 자	하늘 천	갚을 보	갈 지	써 이	재앙 화			

공자는 중국 춘추 시대의 사상가이며 학자(B.C.551~B.C.479)로 이름은 구(丘), 자는 중니(仲尼), 노나라 사람으로 여러 나라를 두루 돌아다니면서 인(仁)을 정치와 윤리의 이상으로 하는 도덕주의를 설파하여 덕치 정치를 강조하였다. 만년에는 교육에 전념하여 3,000여 명의 제자를 길러 내고, 『시경』과 『서경』 등의 중국 고전을 정리하였다. 제자들이 엮은 『논어』에 그의 언행과 사상이 잘 나타나 있다.

勿以善小而不爲하고
물 이 선 소 이 불 위

勿以惡小而爲之하라.
물 이 악 소 이 위 지

- 한나라 소열황제

착한 일은 작다고 하여 하지 않으면 아니 되고, 악한 일은 작다고 하여
해서는 아니 된다.

勿	以	善	小	而	不	爲	勿	以	惡
말 물	써 이	착할 선	작을 소	말 이을 이	아닐 불	할 위	말 물	써 이	악할 악

小	而	爲	之						
작을 소	말 이을 이	할 위	갈 지						

소열은 촉한의 유비가 황제가 된 후의 칭호이다. 유비는 중국 삼국시대 촉한의 초대 황제로 자는 현덕(玄德). 삼국지에
서는 조위가 한나라의 대통(大統, 임금의 계통)을 계승한 정통 국가라 보았으므로 유비를 황제로 존칭하지 않고 선주(先
主)라고 불렀다. 난세에 등장한 수많은 영웅들과 비교해 조금 부족해 보이지만 포기하지 않고 끝까지 한 왕조의 부흥을 꿈
꾸며 동지들을 규합하고, 세를 이루어 제갈량이라는 최고의 명참모를 영입하면서 난세의 한 축으로 우뚝 섰다.

一日不念善이면 諸惡이 皆自起니라.
일 일 불 념 선　　　제 악　　개 자 기

― 장자

하루라도 선을 생각지 않으면 모든 악이 저절로 일어난다.

一	日	不	念	善	諸	惡	皆	自	起
한 일	날 일	아닐 불	생각 념	착할 선	모든 제	악할 악	다 개	스스로 자	일어날 기

장자는 중국 전국시대의 송나라 철학자. 산문가. 제자백가 중 도가 사상의 중심인물로 자연으로 돌아갈 것을 주장했다. 맹자와 비슷한 시대에 활동한 것으로 전하나 정확한 생몰년은 알려져 있지 않다. 천지 만물의 근원을 도라고 보았고, 평생 벼슬길에 나아가지 않았다. 양혜왕의 재상을 지낸 혜시와 우정이 두터웠고, 그와 변론을 즐겼다. 혜시가 죽은 후에는 변론의 상대를 잃었다며 한탄했다. 10만여 자로 쓰인 그의 저서 『장자』는 우화 중심으로 쉽게 쓰였고, 도가의 경전이 되었다. 그중 장자가 스스로 나비가 되어 노닐다가 자신이 장자라는 사실도 잊고 말았다는, 자신이 나비인지 나비가 자신인지 구별할 수 없다는 「나비와 장주」의 예화가 유명하다.

見善如渴하고 聞惡如聾하라.
견 선 여 갈   문 악 여 롱
善事란 須貪하고 惡事는 莫樂하라.
선 사   수 탐   악 사   막 락

착한 일을 보거든 목마른 듯이 하며, 악한 말을 듣거든 귀머거리처럼 하라. 착한 일이란 모름지기 탐내야 하며, 악한 일은 즐기지 말라.

見	善	如	渴	聞	惡	如	聾	善	事
볼 견	착할 선	같을 여	목 마를 갈	들을 문	악할 악	같을 여	귀머거리 롱	착할 선	일 사

須	貪	惡	事	莫	樂				
모름지기 수	탐할 탐	악할 악	일 사	없을 막	즐길 락				

강태공은 중국 주나라 초엽의 조신(朝臣)인 '태공망(太公望)'을 그의 성(姓)인 강(姜)과 함께 이르는 말이다. 이름은 상(尙). 문왕(文王)이 위수(渭水) 가에서 처음 만나 군사(軍師)로 삼았으며, 뒤에 무왕(武王)을 도와 은(殷)을 쳐 없애고 천하(天下)를 평정(平定)하여 그 공으로 제(帝)나라에 봉함을 받아 그 시조(始祖)가 되었음. 춘추시대(春秋時代)의 대국(大國)인 제나라의 기초 확립에 힘썼다. 병서인 『육도(六韜)』를 지었다고 전해지고 있다.

15

終身行善이라도 善猶不足이요
종 신 행 선　　 선 유 부 족
一日行惡이라도 惡自猶餘니라.
일 일 행 악　　 악 자 유 여

– 마원

죽을 때까지 선을 행하여도 선은 오히려 부족하고, 단 하루 악을 행하여도 악은 저절로 남음이 있다.

終	身	行	善	善	猶	不	足	一	日
마칠 종	몸 신	다닐 행	착할 선	착할 선	오히려 유	아닐 부	족할 족	한 일	날 일

行	惡	惡	自	猶	餘				
다닐 행	악할 악	악할 악	스스로 자	오히려 유	남을 여				

마원은 후한(後漢)의 장군으로 자는 문연(文淵). 왕망이 세운 신나라에서 벼슬을 했으나 왕망의 정책에 반대하는 반란이 전국 각지에서 일어나자 왕망의 정적들과 손잡았고 결국에는 후한을 세운 광무제의 신하가 되었다. 35년 화남지방의 태수로 임명되어 남쪽으로 지금의 북베트남에 이르는 지역까지 중국의 지배권을 다시 확립했다. 45년에는 북방 국경지대로 파견되어 중앙아시아의 흉노족을 제압하는 데 힘썼다. 마원은 죽은 다음 신으로 받들어졌고 근대에 이르기까지도 중국 남부의 광시 지방에서는 파도를 잠재우는 해신으로 받들어졌다.

恩義를 廣施하라 人生何處不相逢이라
은 의 광 시 인 생 하 처 불 상 봉
讐怨을 莫結하라 路逢狹處면 難回避니라.
수 원 막 결 노 봉 협 처 난 회 피

- 경행록

은혜와 의리를 널리 베풀어라. 사람이 어느 곳에 살든 서로 만나지 않으랴? 원수와 원한을 맺지 말라. 길이 좁은 곳에서 만나면 회피하기 어렵다.

恩	義	廣	施	人	生	何	處	不	相
은혜 은	옳을 의	넓을 광	베풀 시	사람 인	날 생	어느 하	곳 처	아닐 불	서로 상
逢	讐	怨	莫	結	路	逢	狹	處	難
만날 봉	원수 수	원망할 원	없을 막	맺을 결	길 로(노)	만날 봉	좁을 협	곳 처	어려울 난
回	避								
돌릴 회	피할 피								

경행록은 송나라 때에 만들어진 '착한 행실을 기록한 책' 이나 전해지지 않아 자세한 내용은 알려지지 않고 있으며 저자도 알려지지 않고 있다.

一日行善이면 福雖未至나 禍自遠矣요
일 일 행 선　　　　복 수 미 지　　화 자 원 의

一日行惡이면 禍雖未至나 福自遠矣니
일 일 행 악　　　　화 수 미 지　　복 자 원 의

行善之人은 如春園之草하여
행 선 지 인　　여 춘 원 지 초

不見其長이라도 日有所增하고
불 견 기 장　　　　일 유 소 증

行惡之人은 如磨刀之石하여
행 악 지 인　　여 마 도 지 석

不見其損이라도 日有所虧니라.
불 견 기 손　　　　일 유 소 휴

- 동악성제수훈

一	日	行	善	福	雖	未	至	禍	自
한 일	날 일	다닐 행	착할 선	복 복	비록 수	아닐 미	이를 지	재앙 화	스스로 자

遠	矣	一	日	行	惡	禍	雖	未	至
멀 원	어조사 의	한 일	날 일	다닐 행	악할 악	재앙 화	비록 수	아닐 미	이를 지

하루 동안 선한 일을 행하면 복은 비록 이르지 아니하나 재앙은 저절로 멀어질 것이요, 하루 동안 악한 일을 행하면 재앙은 비록 이르지 아니하나 복은 저절로 멀어질 것이다. 선한 일을 행하는 사람은 봄 동산의 풀과 같아서 그 자라는 것이 보이지 않으나 나날이 더해지는 것이 있고, 악을 행하는 사람은 칼을 가는 숫돌과 같아서 닳아 없어지는 것이 보이지 않더라도 나날이 닳아 없어지는 것과 같다.

福	自	遠	矣	行	善	之	人	如	春
복 복	스스로 자	멀 원	어조사 의	다닐 행	착할 선	갈 지	사람 인	같을 여	봄 춘
園	之	草	不	見	其	長	日	有	所
동산 원	갈 지	풀 초	아닐 불	볼 견	그 기	길 장	날 일	있을 유	바 소
增	行	惡	之	人	如	磨	刀	之	石
더할 증	다닐 행	악할 악	갈 지	사람 인	같을 여	닳을 마	칼 도	갈 지	돌 석
不	見	其	損	日	有	所	虧		
아닐 불	볼 견	그 기	잃을 손	날 일	있을 유	바 소	이지러질 휴		

동악선제는 도교의 성인이며 그의 가르침을 담은 책이 동악선제수훈이나 지금은 전하지 않는다.

19

爲善者는 天報之以福하고
爲不善者는 天報之以禍니라.
勿以善小而不爲하고
勿以惡小而爲之하라.

一日行善이면 福雖未至나 禍自遠矣요
一日行惡이면 禍雖未至나 福自遠矣니

順天者는 存하고
逆天者는 亡이니라.
惡이 若滿이면 天必誅之니라.

若人이 作不善하여 得顯名者는
人雖不害나 天必戮之니라.
種瓜得瓜요 種豆得豆니 天網이
恢恢하여 疎而不漏니라.

一日不念善이면
諸惡이 皆自起니라.
見善如渴하고 聞惡如聾하라.
善事란 須貪하고 惡事란 莫樂하라.

癡聾瘖瘂도 家豪富요
智慧聰明도 郤受貧이라
年月日時 該載定하니 算來由命不由人이니

終身行善이라도 善猶不足이요
一日行惡이라도 惡自猶除니라.
恩義를 廣施하라 人生何處不相逢이라
譬怨을 莫結하라 路逢狹處면 難回避니라.

天命篇
천명편
(천명을 두려워하는 글)

行善之人은 如春園之草하여
不見其長이라도 日有所增하고
行惡之人은 如磨刀之石하여
不見其損이라도 日有所虧니라.

順天者는 存하고 逆天者는 亡이니라.
순 천 자 존 역 천 자 망

- 맹자

하늘을 따르는 자는 살고, 하늘을 거역하는 자는 망한다.

順	天	者	存	逆	天	者	亡		
순할 순	하늘 천	놈 자	있을 존	거스릴 역	하늘 천	놈 자	망할 망		

맹자 공자의 정통유학을 계승 발전시켜 공자 다음의 아성으로 불린다. 젊은 학자 시절 공자의 손자인 자사의 문하생으로 수업했다. 이후 남을 가르치는 스승이 되었고 잠시 제 나라의 관리로도 일했다. 중국 역사상 전국시대라고 불리는 난세 속에서도 자신의 주장을 펴나갔다. 우선 백성에 대한 통치자의 의무를 지적했다. 통치자는 백성들의 생계를 보장하는 물질적인 상황을 만들어 주어야 하고 그들을 교육시키는 도덕적·교육적 지침을 마련해야 한다고 강조했다. 그리고 인간의 성선설을 주장, 사상체계의 핵심으로 삼았다. 성선설은 수천 년 동안 중국 사상가들 사이에서 끊임없는 토론의 주제가 되어왔는데, 맹자는 한 걸음 더 나아가 개인의 덕성 함양은 자신의 마음을 수양하는 데 달려 있다고 말했다.

『맹자』 BC 280년경에 만들어진 책으로, 유가에 속하는 사상가 맹자의 언행을 기록하고 인의(仁義)의 도덕을 강조했다. 『맹자』는 「양혜왕편(梁惠王篇)」, 「공손추편(公孫丑篇)」, 「등문공편(滕文公篇)」, 「이루편(離婁篇)」, 「만장편(萬章篇)」, 「고자편(告子篇)」, 「진심편(盡心篇)」 등 모두 7편으로 구성되어 있다.

惡鑵이 若滿이면 天必誅之니라.
악 관   약 만   천 필 주 지

－ 익지서

악의 그릇이 가득 차면, 하늘이 반드시 그를 죽인다.

惡	鑵	若	滿	天	必	誅	之		
악할 **악**	두레박 **관**	같을 **약**	찰 **만**	하늘 **천**	반드시 **필**	벨 **주**	갈 **지**		

익지서는 송나라 때 지어진 책이라고만 전한다.

若人이 作不善하여 得顯名者는
약 인 작 불 선   득 현 명 자

人雖不害나 天必戮之니라.
인 수 불 해   천 필 육 지

- 장자

만일 사람이 착하지 못한 일을 하여 이름을 떨친다면 다른 사람이 비록
해치지 않더라도 하늘이 반드시 그를 죽일 것이다.

若	人	作	不	善	得	顯	名	者	人
같을 약	사람 인	지을 작	아닐 불	착할 선	얻을 득	나타날 현	이름 명	놈 자	사람 인

雖	不	害	天	必	戮	之			
비록 수	아닐 불	해할 해	하늘 천	반드시 필	죽일 육	갈 지			

명심보감과 같이 배우는 재미있는 속담

하늘이 만든 화는 피할 수 있으나 제가 만든 화는 피할 수 없다
자신이 저지른 잘못에 대한 대가는 피할 수 없다는 말.

種瓜得瓜요 種豆得豆니 天網이
종 과 득 과　　종 두 득 두　　천 망

恢恢하여 疎而不漏니라.
회 회　　소 이 불 루

오이를 심으면 오이를 얻고, 콩을 심으면 콩을 얻는다. 하늘의 그물은 넓고 넓어서 성기지만 새지는 않는다.

種	瓜	得	瓜	種	豆	得	豆	天	網
씨 종	오이 과	얻을 득	오이 과	씨 종	콩 두	얻을 득	콩 두	하늘 천	그물 망
恢	恢	疎	而	不	漏				
넓을 회	넓을 회	성길 소	말 이을 이	아닐 불	셀 루				

명심보감과 같이 배우는 재미있는 속담

콩 심은 데 콩 나고 팥 심은 데 팥 난다
모든 일은 근본에 따라 거기에 걸맞은 결과가 나타나는 것임을 비유적으로 이르는 말.

爲善者는 天報之以福하고
爲不善者는 天報之以禍니라.
勿以善小而不爲하고
勿以惡小而爲之하라.

順天者는 存하고
逆天者는 亡이니라.
惡이 若滿이면 天必誅之니라.

一日行善이면 福難未至나 禍自遠矣요
一日行惡이면 禍難未至나 福自遠矣니

若人이 作不善하여 得顯名者는
人雖不害나 天必戮之니라.
種瓜得瓜요 種豆得豆니 天綱이
恢恢하여 疎而不漏니라.

一日不念善이면
諸惡이 皆自起니라.
見善如渴하고 聞惡如聾하라.
善事란 須貪하고 惡事는 莫樂하라.

癡聾瘖도 家豪富요
智慧聰明도 却受貧이라
年月日時 該載定하니 算來由命不由人이니라.

順命篇
순명편
(운명에 순응하는 글)

終身行善이라도 善猶不足이요
一日行惡이라도 惡自猶餘니라.
恩義를 廣施하라 人生何處不相逢이라
讐怨을 莫結하라 路逢狹處면 難回避니라.

行善之人은 如春園之草하여
不見其長이라도 日有所增하고
行惡之人은 如磨刀之石하여
不見其損이라도 日有所虧니라.

死生有命이요 富貴在天이니라.
사 생 유 명   부 귀 재 천

- 자하

죽고 사는 것은 정해진 운명이 있고, 부귀는 하늘에 달려 있다.

死	生	有	命	富	貴	在	天		
죽을 사	날 생	있을 유	목숨 명	부유할 부	귀할 귀	있을 재	하늘 천		

자하는 공자의 제자이다.

癡聾瘖啞도 家豪富요
치 롱 음 아 가 호 부
智慧聰明도 却受貧이라
지 혜 총 명 각 수 빈
年月日時 該載定하니
연 월 일 시 해 재 정
算來由命不由人이니라.
산 래 유 명 불 유 인

癡	聾	瘖	啞	家	豪	富	智	慧	聰
어리석을 치	귀먹을 롱	벙어리 음	벙어리 아	집 가	호걸 호	부유할 부	지혜 지	슬기로울 혜	귀 밝을 총
明	却	受	貧	年	月	日	時	該	載
밝을 명	물리칠 각	받을 수	가난할 빈	해 년(연)	달 월	날 일	때 시	마땅 해	실을 재
定	算	來	由	命	不	由	人		
정할 정	셈 산	올 래	말미암을 유	목숨 명	아닐 불	말미암을 유	사람 인		

어리석고 귀먹고 벙어리라도 집은 호화롭고 부자일 수 있고, 지혜롭고 총명한 사람도 오히려 가난해질 수 있다. 운수는 해와 달과 날과 시가 모두 정해져 있으니, 따져보면 부귀는 운명으로부터 나오는 것이지 사람으로부터 나오는 것이 아니다.

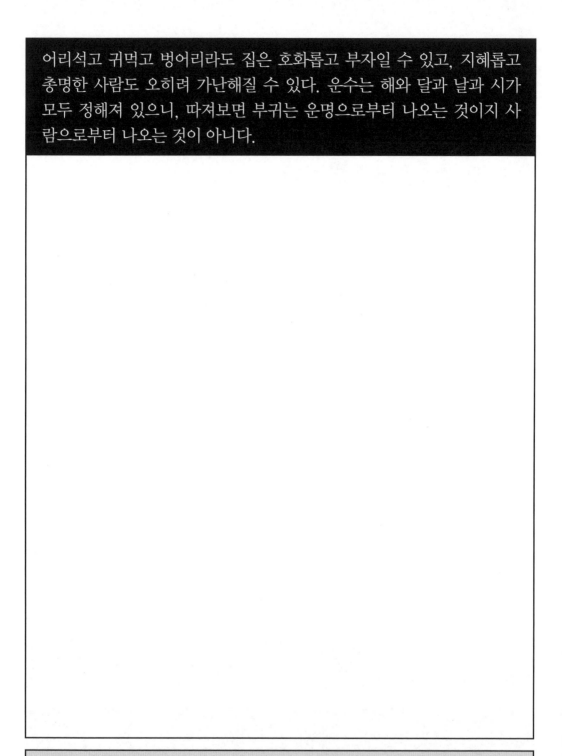

열자의 본명은 열어구. 중국 도가의 기본사상을 확립시킨 3명의 철학가 가운데 한 사람이며, 도가 경전인 〈열자〉의 저자로 전해진다. 열자의 생애에 대해서는 알려진 것이 거의 없으나, 그 당시의 다른 학자들처럼 많은 제자들을 거느렸고, 전국시대에 여러 나라를 돌아다니며 왕후들에게 유세를 했다고 전해진다. 작품은 해학에 가득 찬 문체와 결정론을 강조한 철학이념으로 잘 알려져 있다. 그는 도가의 주요사상가인 노자나 장자와는 달리 인간의 미래는 운명이 아니라 주로 인과관계에 의해 결정된다고 가르쳤다.

爲善者는 天報之以福하고
爲不善者는 天報之以禍니라.
勿以善小而不爲하고
勿以惡小而爲之하라.

順天者는 存하고
逆天者는 亡이니라.
惡이 若滿이면 天必誅之니라.

一日行善이면 福雖未至나 禍自遠矣오
一日行惡이면 禍雖未至나 福自遠矣니

若人이 作不善하여 得顯名者는
人雖不害나 天必戮之니라.
種瓜得瓜요 種豆得豆니 天網이
恢恢하여 疎而不漏니라.

一日不念善이면
諸惡이 皆自起니라.
見善如渴하고 聞惡如聾하라.
善事란 須貪하고 惡事는 莫樂하라.

痴聾痼啞도 家豪富요
智慧聰明도 却受貧이라
年月日時 該載定하니 算來由命不由人이니라.

終身行善이라도 善猶不足이요
一日行惡이라도 惡自猶餘니라.
恩義를 廣施하라 人生何處不相逢이라
讐怨을 莫結하라 路逢狹處면 難回避니라.

行善之人은 如春園之草하여
不見其長이라도 日有所增하고
行惡之人은 如磨刀之石하여
不見其損이라도 日有所虧니라.

孝行篇
효행편
(효행에 대한 글)

父兮生我하시고 母兮鞠我하시니
부 혜 생 아　　　　모 혜 국 아

哀哀父母여 生我劬勞로시다
애 애 부 모　　　　생 아 구 로

欲報深恩인대 昊天罔極이로다.
욕 보 심 은　　　　호 천 망 극

- 시경(詩經)

아버지 나를 낳으시고 어머니 나를 기르시니 아아 애달프다 부모님이시어 나를 낳아 기르시느라 애쓰고 수고하셨네. 그 은혜를 갚고자 하나 넓은 하늘처럼 끝이 없구나.

父	兮	生	我	母	兮	鞠	我	哀	哀
아버지 부	어조사 혜	날 생	나 아	어머니 모	어조사 혜	기를 국	나 아	슬플 애	슬플 애
父	母	生	我	劬	勞	欲	報	深	恩
아버지 부	어머니 모	날 생	나 아	수고로울 구	일할 로	하고자 할 욕	갚을 보	깊을 심	은혜 은
昊	天	罔	極						
하늘 호	하늘 천	없을 망	다할 극						

孝子之事親也는 居則致其敬하고
효 자 지 사 친 야   거 즉 치 기 경

養則致其樂하고 病則致其憂하고
양 즉 치 기 락   병 즉 치 기 우

喪則致其哀하고 祭則致其嚴이니라.
상 즉 치 기 애   제 즉 치 기 엄
- 공자

효자가 어버이를 섬길 때 기거함에 그 공경을 다하고, 봉양함에는 그 즐거움을 다하며, 병이 드시면 근심을 다하고, 돌아가시면 슬픔을 다하며, 제사 지낼 때에는 엄숙함을 다해야 한다.

孝	子	之	事	親	也	居	則	致	其	敬
효도 효	아들 자	갈 지	일 사	친할 친	어조사 야	살 거	곧 즉	이를 치	그 기	공경 경
養	則	致	其	樂	病	則	致	其	憂	喪
기를 양	곧 즉	이를 치	그 기	즐길 락	병 병	곧 즉	이를 치	그 기	근심 우	잃을 상
則	致	其	哀	祭	則	致	其	嚴		
곧 즉	이를 치	그 기	슬플 애	제사 제	곧 즉	이를 치	그 기	엄할 엄		

父母在어시든 不遠遊하며
부 모 재　　　　불 원 유

遊必有方이니라.
유 필 유 방

－ 공자

부모가 살아 계시면 멀리 가서 놀지 않으며, 놀러 가면 반드시 일정한 곳이 있어야 한다.

父	母	在	不	遠	遊	遊	必	有	方
아버지 부	어머니 모	있을 재	아닐 불	멀 원	놀 유	놀 유	반드시 필	있을 유	모 방

명심보감과 같이 배우는 재미있는 속담

부모 명 잘 받드는 사람이 나라도 잘 받든다

부모를 위하고 가족과 고향을 사랑할 줄 아는 사람이라야 나라에도 충성을 할 수 있다는 말.

父命召어시든 唯而不諾하고
부 명 소   유 이 불 락
食在口則吐之니라.
식 재 구 즉 토 지
- 공자

아버지가 명하여 부르시면 즉시 대답하며 머뭇거리지 말고, 음식이 입에 있거든 그것을 뱉어야 한다.

父	命	召	唯	而	不	諾	食	在	口
아버지 부	목숨 명	부를 소	오직 유	말 이을 이	아닐 불	허락할 락	밥 식	있을 재	입 구
則	吐	之							
곧 즉	토할 토	갈 지							

명심보감과 같이 배우는 재미있는 속담

부모 말을 들으면 자다가도 떡이 생긴다
부모의 말을 잘 듣고 순종하면 좋은 일이 생긴다는 말.

孝於親이면 子亦孝之하나니
효 어 친　　자 역 효 지
身旣不孝면 子何孝焉이리오.
신 기 불 효　　자 하 효 언

― 강태공

어버이에게 효도하면 내 자식 또한 나에게 효도할 것이니, 자신이 이미
효도하지 않았다면 자식이 어찌 효도하겠는가.

孝	於	親	子	亦	孝	之	身	旣	不
효도 효	어조사 어	친할 친	아들 자	또 역	효도 효	갈 지	몸 신	이미 기	아니 불
孝	子	何	孝	焉					
효도 효	아들 자	어느 하	효도 효	어찌 언					

명심보감과 같이 배우는 재미있는 속담

부모가 착해야 효자 난다

부모가 착하여야 자식도 부모를 따라 착한 사람이 된다는 뜻으로,
윗사람이 잘하여야 아랫사람도 잘함을 비유적으로 이르는 말.

孝順은 還生孝順子요
효 순 환 생 효 순 자

忤逆은 還生忤逆子하나니
오 역 환 생 오 역 자

不信커든 但看簷頭水하라.
불 신 단 간 첨 두 수

點點滴滴不差移니라.
점 점 적 적 불 차 이

孝	順	還	生	孝	順	子	忤	逆	還
효도 효	순할 순	돌아올 환	날 생	효도 효	순할 순	아들 자	거스를 오	거스릴 역	돌아올 환
生	忤	逆	子	不	信	但	看	簷	頭
날 생	거스를 오	거스릴 역	아들 자	아닐 불	믿을 신	다만 단	볼 간	처마 첨	머리 두
水	點	點	滴	滴	不	差	移		
물 수	점 점	점 점	물방울 적	물방울 적	아닐 불	다를 차	옮길 이		

효도하고 순종한 사람은 또한 효도하고 순종하는 자식을 낳으며, 거스르고 패역한 사람은 또한 거스르고 패역하는 아들을 낳는다. 믿지 못하겠거든 저 처마 끝의 낙수를 보라. 방울방울 떨어짐이 어긋남이 없도다.

爲善者는 天報之以福하고
爲不善者는 天報之以禍니라.
勿以善小而不爲하고
勿以惡小而爲之하라.

一日行善이면 福雖未至나 禍自遠矣요
一日行惡이면 禍雖未至나 福自遠矣니.

順天者는 存하고
逆天者는 亡이니라.
惡이 若滿이면 天必誅之니라.

若人이 作不善하여 得顯名者는
人雖不害나 天必戮之니라.
種瓜得瓜요 種豆得豆니 天網이
恢恢하여 疎而不漏니라.

一日不念善이면
諸惡이 皆自起니라.
見善如渴하고 聞惡如聾하라.
善事란 須貪하고 惡事는 莫樂하라.

癡聾瘖瘂도 家豪富요
智慧聰明도 却受貧이라
年月日時 該載定하니 算來由命不由人이니라.

終身行善이라도 善猶不足이요
一日行惡이라도 惡自猶餘니라.
恩義를 廣施하라 人生何處不相逢이라
讐怨을 莫結하라 路逢狹處면 難回避니라.

行善之人은 如春園之草하여
不見其長이라도 日有所增하고
行善之人은 如磨刀之石하여
不見其損이라도 日有所虧니라.

正己篇
정기편
(몸을 바르게 하는 글)

見人之善이어든 而尋己之善하고
견 인 지 선   이 심 기 지 선
見人之惡이어든 而尋己之惡이니
견 인 지 악   이 심 기 지 악
如此라야 方是有益이니라.
여 차   방 시 유 익

- 성리서

見	人	之	善	而	尋	己	之	善	見
볼 견	사람 인	갈 지	착할 선	말 이을 이	찾을 심	몸 기	갈 지	착할 선	볼 견
人	之	惡	而	尋	己	之	惡	如	此
사람 인	갈 지	악할 악	말 이을 이	찾을 심	몸 기	갈 지	악할 악	같을 여	이 차
方	是	有	益						
모 방	이 시	있을 유	더할 익						

다른 사람의 착한 점을 보거든 나의 착한 것을 찾아보고, 다른 사람의 악한 것을 보거든 나의 악한 점을 찾을 것이니, 이와 같이 하면 비로소 이로운 점이 있다.

성리서란 성리학에 관한 책을 포괄적으로 이르는 말이다. 성리서라는 책은 없다.

大丈夫當容人이언정
대 장 부 당 용 인

無爲人所容이니라.
무 위 인 소 용

– 경행록

대장부는 마땅히 남을 용서할지언정, 남에게 용서를 받는 사람이 되지
말아야 한다.

大	丈	夫	當	容	人	無	爲	人	所
클 대	어른 장	지아비 부	마땅 당	얼굴 용	사람 인	없을 무	할 위	사람 인	바 소
容									
얼굴 용									

勿以貴己而賤人하고 勿以自大而蔑小하고
물 이 귀 기 이 천 인   물 이 자 대 이 멸 소
勿以恃勇而輕敵이니라.
물 이 시 용 이 경 적
- 강태공

자신을 귀하게 여김으로써 다른 사람을 천하게 여기지 말고, 자기를 크게 여겨 다른 사람을 업신여기지 말며, 용맹을 믿고서 적을 가볍게 여기지 말아야 한다.

勿	以	貴	己	而	賤	人	勿	以	自
말 물	써 이	귀할 귀	몸 기	말 이을 이	천할 천	사람 인	말 물	써 이	스스로 자

大	而	蔑	小	勿	以	恃	勇	而	輕
클 대	말 이을 이	업신여길 멸	작을 소	말 물	써 이	믿을 시	날랠 용	말 이을 이	가벼울 경

敵									
대적할 적									

道吾善者는 是吾賊이요
도 오 선 자 시 오 적
道吾惡者는 是吾師니라.
도 오 악 자 시 오 사

나의 착한 점을 말하여 주는 사람은 곧 나를 해치는 사람이요, 나의 나쁜 점을 말하여 주는 사람은 곧 나의 스승이다.

道	吾	善	者	是	吾	賊	道	吾	惡
길도	나오	착할선	놈자	이시	나오	도둑적	길도	나오	악할악

者	是	吾	師						
놈자	이시	나오	스승사						

명심보감과 같이 배우는 재미있는 속담

친구 따라 강남 간다
자기는 하고 싶지 아니하나 남에게 끌려서 덩달아 하게 됨을 이르는 말.

勤爲無價之寶요 愼是護身之符니라.
근 위 무 가 지 보   신 시 호 신 지 부

- 강태공

근면은 값을 매길 수 없는 보배가 될 것이요, 신중함은 몸을 보호하는
신표이다.

勤	爲	無	價	之	寶	愼	是	護	身
부지런할 근	할 위	없을 무	값 가	갈 지	보배 보	삼갈 신	이 시	도울 호	몸 신
之	符								
갈 지	부호 부								

명심보감과 같이 배우는 재미있는 속담

글에서 잘되고 못된 것은 내게 달렸고
시비하고 칭찬하는 것은 남에게 있다

글을 잘 짓고 못 짓는 것은 전적으로 자신의 준비 정도와 재능에 달려 있는 것이지만
그 결과에 대한 평가는 다른 사람에게 달려 있다는 뜻으로,
자신은 그저 일이 잘되도록 있는 힘을 다할 뿐 자기가 한 일에 대하여
스스로 남 앞에서 잘되었다고 자랑하지 말라는 말.

43

君子有三戒하니
군 자 유 삼 계

少之時엔 血氣未定이라
소 지 시 혈 기 미 정

戒之在色하고 及其長也하여는
계 지 재 색 급 기 장 야

血氣方剛이라
혈 기 방 강

戒之在鬪하고 及其老也하여는
계 지 재 투 급 기 노 야

血氣旣衰라 戒之在得이니라.
혈 기 기 쇠 계 지 재 득

- 공자

군자에게는 세 가지 경계해야 하는 것이 있으니 젊어서는 혈기가 안정되지 않았으므로 여색에 빠지는 것을 경계해야 하고, 장성하여서는 혈기가 막 왕성해지므로 싸움에 빠지는 것을 경계해야 하며, 늙어서는 혈기가 이미 쇠해졌으므로 탐욕에 빠지는 것을 경계해야 한다.

君	子	有	三	戒	少	之	時	血	氣
임금 군	아들 자	있을 유	석 삼	경계할 계	적을 소	갈 지	때 시	피 혈	기운 기
未	定	戒	之	在	色	及	其	長	也
아닐 미	정할 정	경계할 계	갈 지	있을 재	빛 색	미칠 급	그 기	어른 장	어조사 야
血	氣	剛	戒	之	在	鬪	及	其	老
피 혈	기운 기	굳셀 강	경계할 계	갈 지	있을 재	싸울 투	미칠 급	그 기	늙을 노
也	血	氣	旣	衰	戒	之	在	得	
어조사 야	피 혈	기운 기	이미 기	쇠할 쇠	경계할 계	갈 지	있을 재	얻을 득	

衆이 好之라도 必察焉하며
증   호지   필찰언
衆이 惡之라도 必察焉이니라.
증   오지   필찰언

- 공자

여러 사람이 좋아하더라도 반드시 살펴야 하며, 여러 사람이 미워하더
라도 반드시 살펴야 한다.

衆	好	之	必	察	焉	衆	惡	之	必
무리 중	좋을 호	갈 지	반드시 필	살필 찰	어찌 언	무리 중	미워할 오	갈 지	반드시 필
察	焉								
살필 찰	어찌 언								

萬事從寬이면 其福自厚니라.
만 사 종 관   기 복 자 후

- 공자

모든 일에 너그러움을 좇으면 그 복이 저절로 두터워진다.

萬	事	從	寬	其	福	自	厚		
일만 만	일 사	좇을 종	너그러울 관	그 기	복 복	스스로 자	두터울 후		

瓜田에 不納履하고
　과　전　　　불　납　리
李下에 不整冠이니라.
　이　하　　　부　정　관

- 강태공

오이 밭에서는 짚신을 고쳐 신지 않고, (다른 사람의) 오얏나무 아래에서는 갓을 바르게 하지 않는다.

瓜	田	不	納	履	李	下	不	整	冠
오이 과	밭 전	아닐 불	들일 납	밟을 리	오얏 이	아래 하	아닐 부	가지런할 정	갓 관

명심보감과 같이 배우는 재미있는 속담

갓 쓰고 망신
한껏 점잔을 빼고 있는데 뜻하지 아니한 망신을 당하여 더 무참하게 되었음을 비유적으로 이르는 말.

耳不聞人之非하고 目不視人之短하고
이 불 문 인 지 비   목 불 시 인 지 단
口不言人之過라야 庶幾君子니라.
구 불 언 인 지 과   서 기 군 자

귀로는 다른 사람의 나쁜 것을 듣지 말고, 눈으로는 다른 사람의 단점을
보지 말고, 입으로는 다른 사람의 허물을 말하지 않아야 군자에 가깝다.

耳	不	聞	人	之	非	目	不	視	人
귀 이	아닐 불	들을 문	사람 인	갈 지	아닐 비	눈 목	아닐 불	볼 시	사람 인
之	短	口	不	言	人	之	過	庶	幾
갈 지	짧을 단	입 구	아닐 불	말씀 언	사람 인	갈 지	지날 과	여러 서	몇 기
君	子								
임금 군	아들 자								

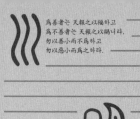

爲善者는 天報之以福하고
爲不善者는 天報之以禍니라.
勿以善小而不爲하고
勿以惡小而爲之하라.

一日行善이면 福雖未至나 禍自遠矣요
一日行惡이면 禍雖未至나 福自遠矣니

順天者는 存하고
逆天者는 亡이니라.
惡이 若滿이면 天必誅之니라.

若人이 作不善하여 得顯名者는
人雖不害나 天必戮之니라.
種瓜得瓜요 種豆得豆니 天網이
恢恢하여 疎而不漏니라.

一日不念善이면
諸惡이 皆自起니라.
見善如渴하고 聞惡如聾하라.
善事란 須貪하고 惡事는 莫樂하라.

瘂聾瘖도 家豪富요
智慧聰明도 却受貧이라
年月日時 該載定하니 算來由命不由人이

終身行善이라도 善猶不足이요
一日行惡이라도 惡自猶餘니라.
恩義를 廣施하라 人生何處不相逢이라
讐怨을 莫結하라 路逢狹處면 難回避니라.

行善之人은 如春園之草하여
不見其長이라도 日有所增하고
行惡之人은 如磨刀之石하여
不見其損이라도 日有所虧니라

安分篇
안분편
(분수를 편안히 하는 글)

知足可樂이요 務貪則憂니라.
지 족 가 락   무 탐 즉 우

만족할 줄 알면 즐거울 것이요, 탐욕에 힘쓰면 근심하게 된다.

知	足	可	樂	務	貪	則	憂		
알 지	만족 족/발 족	옳을 가	즐길 락	힘쓸 무	탐낼 탐	곧 즉	근심 우		

명심보감과 같이 배우는 재미있는 속담

근심에 마르고[여위고] 설음에는 살찐다

드러내 놓고 슬퍼하는 것보다 속으로 은근히 근심하는 것이 더 애타고 몸도 축난다는 말.

51

知足者는 貧賤亦樂이요
지 족 자   빈 천 역 락

不知足者는 富貴亦憂니라.
부 지 족 자   부 귀 역 우

만족할 줄 아는 사람은 가난하고 천하여도 즐거울 것이요, 만족할 줄 모르는 사람은 돈이 많고 신분이 높아도 근심하게 된다.

知	足	者	貧	賤	亦	樂	不	知	足
알 지	발 족	놈 자	가난할 빈	천할 천	또 역	즐길 락	아닐 부	알 지	발 족

者	富	貴	亦	憂					
놈 자	부유할 부	귀할 귀	또 역	근심 우					

명심보감과 같이 배우는 재미있는 속담

가난할수록 기와집 짓는다

당장 먹을 것이나 입을 것이 넉넉지 못한 가난한 살림일수록 기와집을 짓는다는 뜻으로,
실상은 가난한 사람이 남에게 업신여김을 당하기 싫어서 허세를 부리려는 심리를 비유적으로 이르는 말.

知足常足이면 終身不辱하고
지 족 상 족　　　 종 신 불 욕

知止常止면 終身無恥니라.
지 지 상 지　　　 종 신 무 치

만족할 줄 알아 늘 만족하면 죽을 때까지 욕되지 아니하고, 그칠 줄을 알아 늘 그치면 죽을 때까지 부끄러움이 없을 것이다.

知	足	常	足	終	身	不	辱	知	止
알 지	발 족	항상 상	발 족	마칠 종	몸 신	아닐 불	욕될 욕	알 지	그칠 지

常	止	終	身	無	恥				
항상 상	그칠 지	마칠 종	몸 신	없을 무	부끄러울 치				

滿招損하고 謙受益이니라.
만 초 손   겸 수 익

- 서경

자만하면 손해를 부르고 겸손하면 이익을 받게 된다.

滿	招	損	謙	受	益				
찰 만	부를 초	덜 손	겸손할 겸	받을 수	더할 익				

장자는 중국 전국시대의 송나라 철학자. 산문가. 제자백가 중 도가 사상의 중심인물로 자연으로 돌아갈 것을 주장했다. 맹자와 비슷한 시대에 활동한 것으로 전하나 정확한 생몰년은 알려져 있지 않다. 천지 만물의 근원을 도라고 보았고, 평생 벼슬길에 나아가지 않았다. 양혜왕의 재상을 지낸 혜시와 우정이 두터웠고, 그와 변론을 즐겼다. 혜시가 죽은 후에는 변론의 상대를 잃었다며 한탄했다. 10만여 자로 쓰인 그의 저서 『장자』는 우화 중심으로 쉽게 쓰였고, 도가의 경전이 되었다. 그중 장자가 스스로 나비가 되어 노닐다가 자신이 장자라는 사실도 잊고 말았다는, 자신이 나비인지 나비가 자신인지 구별할 수 없다는 「나비와 장주」의 예화가 유명하다.

爲善者는 天報之以福하고
爲不善者는 天報之以禍니라.
勿以善小而不爲하고
勿以惡小而爲之하라.

一日行善이면 福雖未至나 禍自遠矣요
一日行惡이면 禍雖未至나 福自遠矣니

順天者는 存하고
逆天者는 亡이니라.
惡이 若滿이면 天必誅之니라.

一日不念善이면
諸惡이 皆自起니라.
見善如渴하고 聞惡如聾하라.
善事란 須貪하고 惡事는 莫樂하라.

若人이 作不善하여 得顯名者는
人雖不害나 天必戮之니라.
種瓜得瓜요 種豆得豆니 天網이
恢恢하여 疎而不漏니라.

癡聾瘂도 家豪富요
智慧聰明도 却受貧이라
年月日時 該載定하니 算來由命不由人이니라.

終身行善이라도 善猶不足이요
一日行惡이라도 惡自猶餘니라.
恩義를 廣施하라 人生何處不相逢이라
讐怨을 莫結하라 路逢狹處면 難回避니라.

存心篇
존심편
(마음을 보존하는 글)

行善之人은 如春園之草하여
不見其長이라도 日有所增하고
行惡之人은 如磨刀之石하여
不見其損이라도 日有所虧니라.

人雖至愚나 責人則明하고
인 수 지 우 책 인 즉 명

雖有聰明이나 恕己則昏이니 爾曹는
수 유 총 명 서 기 즉 혼 이 조

但常以責人之心으로 責己하고
단 상 이 책 인 지 심 책 기

恕己之心으로 恕人이면
서 기 지 심 서 인

則不患不到聖賢地位也니라.
즉 불 환 부 도 성 현 지 위 야

— 범충선

人	雖	至	愚	責	人	則	明	雖	有
사람 **인**	비록 **수**	이를 **지**	어리석을 **우**	꾸짖을 **책**	사람 **인**	곧 **즉**	밝을 **명**	비록 **수**	있을 **유**
聰	明	恕	己	則	昏	爾	曹	但	常
귀 밝을 **총**	밝을 **명**	용서할 **서**	몸 **기**	곧 **즉**	어두울 **혼**	너 **이**	무리 **조**	다만 **단**	항상 **상**

사람이 비록 어리석을지라도 다른 사람을 꾸짖는 데엔 밝고, 비록 총명함이 있다 해도 자기를 용서하는 데엔 어둡다. 너희들은 항상 남을 꾸짖는 마음으로써 자기를 꾸짖고, 자기를 용서하는 마음으로써 남을 용서한다면, 성현의 경지에 이르지 못함을 근심할 것이 없다.

以	責	人	之	心	責	己	恕	己	之
써 이	꾸짖을 책	사람 인	갈 지	마음 심	꾸짖을 책	몸 기	용서할 서	몸 기	갈 지
心	恕	人	則	不	患	不	到	聖	賢
마음 심	용서할 서	사람 인	곧 즉	아닐 불	근심 환	아닐 부	이를 도	성인 성	어질 현
地	位	也							
땅 지	자리 위	어조사 야							

범충선은 송나라 시대 재상이자 문인으로 이름은 순인이고 자는 요부. 충선은 시호이다. 송사에 그의 전기가 전한다.

聰明思睿_{라도} 守之以愚_{하고}
총 명 사 예　　수 지 이 우

功被天下_{라도} 守之以讓_{하고}
공 피 천 하　　수 지 이 양

勇力振世_{라도} 守之以怯_{하고}
용 력 진 세　　수 지 이 겁

富有四海_{라도} 守之以謙_{이니라.}
부 유 사 해　　수 지 이 겸

- 공자

聰	明	思	睿	守	之	以	愚	功	被
귀 밝을 총	밝을 명	생각 사	슬기 예	지킬 수	갈 지	써 이	어리석을 우	공 공	입을 피
天	下	守	之	以	讓	勇	力	振	世
하늘 천	아래 하	지킬 수	갈 지	써 이	사양할 양	날랠 용	힘 력	떨칠 진	세상 세
守	之	以	怯	富	有	四	海	守	之
지킬 수	갈 지	써 이	겁낼 겁	부유할 유	있을 유	넉 사	바다 해	지킬 수	갈 지
以	謙								
써 이	겸손할 겸								

58

총명하고 생각이 밝더라도 우직함으로써 그것을 지키고, 공이 천하를 덮을 만하더라도 겸양으로써 그것을 지키고, 용맹이 세상에 떨칠지라도 겁냄으로써 그것을 지키고, 부유하기가 온 세상을 차지할 정도라도 겸손으로써 그것을 지켜야 한다.

명심보감과 같이 배우는 재미있는 이야기

세계 4대 성인 중의 한 사람인 공자는 현실 정치에서는 실패했지만 교육과 학문에서는 놀라운 성과를 거두었다. 공자는 스스로의 말과 몸가짐 하나하나를 통해 제자들에게 모범을 보이는 일종의 시범식 교육 방법을 사용했다.

어느 날 예(禮)의 객관적 형식을 존중한 제자 자하가 물었다.
"안연은 사람됨이 어떻습니까?"
"안연의 어질고 의로움은 나보다 낫지."
"자공은 어떻습니까?"
"나는 자공의 말재주를 따라갈 수가 없다."
"자로는 어떤가요?"
"자로의 용기에는 내가 못 따라가지."
"자장은 어떤지요?"
"자장의 장중함은 나보다 나아."
자하는 다 듣고 나서 어리둥절해져 일어나면서 물었다.
"그들이 다 선생님보다 나은데, 왜 모두 선생님께 머리를 조아리고 스승으로 삼고자 하는지요?"
"안연은 인의를 말할 줄은 알지만 형편과 상황에 따라서 일을 융통성 있게 처리하는 변통을 모르고, 자공은 말은 잘하지만 겸손하지 않고, 자로는 용감하지만 물러날 줄 모르고, 자장은 장중하지만 남과 어울리지 못해. 그들은 각각 장점을 가지고 있지만 단점도 있어. 그래서 다 나를 선생으로 삼고 배우려는 거야."

施恩이어든 勿求報하고
시 은   물 구 보
與人이어든 勿追悔하라.
여 인   물 추 회

- 장자

은혜를 베풀었다면 보답을 바라지 말고, 남에게 주었거든 후회하지 말라.

施	恩	勿	求	報	與	人	勿	追	悔
베풀 시	은혜 은	말 물	구할 구	갚을 보	줄 여	사람 인	말 물	쫓을 추	뉘우칠 회

명심보감과 같이 배우는 재미있는 속담

은혜를 모르는 건 당나귀
은혜에 보답하지 아니한 사람은 사람으로 칠 가치도 없다는 말.

懼法朝朝樂이요 欺公日日憂니라.
구 법 조 조 락　　　　기 공 일 일 우

법을 두려워하면 아침마다 즐거울 것이요, 공적인 일을 속이면 날마다 근심한다.

懼	法	朝	朝	樂	欺	公	日	日	憂
두려워할 구	법 법	아침 조	아침 조	즐거울 락	속일 기	공평할 공	날 일	날 일	근심 우

명심보감과 같이 배우는 재미있는 속담

법 밑에 법 모른다
법을 잘 지켜야 할 법률 기관에서 법을 다루면서도 도리어 법을 모르고 어기는 경우를 비유적으로 이르는 말.

責人者는 不全交요
책 인 자 부 전 교

自恕者는 不改過니라.
자 서 자 불 개 과

- 경행록

남을 꾸짖는 자는 사귐을 온전히 할 수 없고, 자기를 용서하는 사람은
허물을 고치지 못한다.

責	人	者	不	全	交	自	恕	者	不
꾸짖을 책	사람 인	놈 자	아닐 부	온전할 전	사귈 교	스스로 자	용서할 서	놈 자	아닐 불
改	過								
고칠 개	지날 과								

명심보감과 같이 배우는 재미있는 속담

오이 덩굴에서 가지 열리는 법은 없다

그 아버지에 그 아들밖에 날 수 없음을 비유적으로 이르는 말.

爲善者는 天報之以福하고
爲不善者는 天報之以禍니라.
勿以善小而不爲하고
勿以惡小而爲之하라.

一日行善이면 福雖未至나 禍自遠矣오
一日行惡이면 禍雖未至나 福自遠矣니

順天者는 存하고
逆天者는 亡이니라.
惡이 若滿이면 天必誅之니라.

若人이 作不善하여 得顯名者는
人雖不害나 天必戮之니라.
種瓜得瓜오 種豆得豆니 天網이
恢恢하여 疎而不漏니라.

一日不念善이면
諸惡이 皆自起니라.
見善如渴하고 聞惡如聾하라.
善事란 須貪하고 惡事는 莫樂하라.

癡聾瘖啞도 家豪富오
智慧聰明도 却受貧이라
年月日時 該載定하니 算來由命不由人이니라.

終身行善이라도 善猶不足이오
一日行惡이라도 惡自猶餘니라.
恩義를 廣施하라 人生何處不相逢이라
讐怨을 莫結하라 路逢狹處면 難回避니라.

行善之人은 如春園之草하여
不見其長이라도 日有所增하고
行惡之人은 如磨刀之石하여
不見其損이라도 日有所虧니라.

戒性篇
계성편
(성품을 경계하는 글)

忍一時之忿이면 免百日之憂니라.
인 일 시 지 분   면 백 일 지 우

한때의 분함을 참으면 백 일의 근심을 피할 수 있다.

忍	一	時	之	忿	免	百	日	之	憂
참을 인	한 일	때 시	갈 지	성낼 분	면할 면	일백 백	날 일	갈 지	근심 우

명심보감과 같이 배우는 재미있는 속담

화가 복(이) 된다
처음에 재앙으로 여겼던 것이 원인이 되어 뒤에 다행스러운 결과를 가져오는 수도 있다는 말.

64

得忍且忍이요 得戒且戒하라
득 인 차 인   득 계 차 계

不忍不戒면 小事成大니라.
불 인 불 계   소 사 성 대

참을 수 있으면 우선 참고, 경계할 수 있으면 우선 경계하라. 참지 않고 경계하지 않으면 작은 일이 크게 된다.

得	忍	且	忍	得	戒	且	戒	不	忍
얻을 득	참을 인	또 차	참을 인	얻을 득	경계할 계	또 차	경계할 계	아닐 불	참을 인
不	戒	小	事	成	大				
아닐 불	경계할 계	작을 소	일 사	이룰 성	클 대				

참을 인(忍) 자 셋이면 살인도 피한다
어떤 경우에도 끝까지 참으면 무슨 일이든 이루지 못할 것이 없다는 말.

屈己者는 能處重하고
굴 기 자 능 처 중
好勝者는 必遇敵이니라.
호 승 자 필 우 적

자기를 굽히는 자는 중요한 지위를 차지할 수 있지만, 이기기를 좋아하는 자는 반드시 적을 만나게 된다.

屈	己	者	能	處	重	好	勝	者	必
굽힐 굴	몸 기	놈 자	능할 능	곳 처	무거울 중	좋을 호	이길 승	놈 자	반드시 필

遇	敵								
만날 우	대적할 적								

명심보감과 같이 배우는 재미있는 속담

벼슬은 높이고 뜻은 낮추어라
높은 자리에 앉게 될수록 겸손해야 한다는 말.
높은 지위에 오를수록 욕심을 부리거나 야심을 가지지 말아야 한다는 말.

惡人이 罵善人커든 善人은 摠不對하라
악인 매선인 선인 총부대

不對는 心淸閑이요 罵者는 口熱沸니라.
부대 심청한 매자 구열비

正如人唾天하여 還從己身墜니라.
정 여인타천 환종기신추

惡	人	罵	善	人	善	人	摠	不	對
악할 악	사람 인	꾸짖을 매	착할 선	사람 인	착할 선	사람 인	다 총	아닐 부	대할 대
不	對	心	淸	閑	罵	者	口	熱	沸
아닐 부	대할 대	마음 심	맑을 청	한가할 한	꾸짖을 매	놈 자	입 구	더울 열	끓을 비
正	如	人	唾	天	還	從	己	身	墜
바를 정	같을 여	사람 인	침 타	하늘 천	돌아올 환	좇을 종	몸 기	몸 신	떨어질 추

악한 사람이 착한 사람을 꾸짖거든 착한 사람은 끝까지 대꾸하지 말라. 대꾸하지 않는 사람은 마음이 맑고 한가롭고, 꾸짖는 자는 입에 불이 붙는 것처럼 뜨겁게 끓어오른다. 마치 사람이 하늘에 침을 뱉으면 도로 자기 몸에 떨어지는 것과 같다.

凡事에 留人情이면 後來에 好相見이니라.
범 사   유 인 정   후 래   호 상 견

모든 일에 인정을 남기면 뒷날 좋게 서로 만나게 된다.

凡	事	留	人	情	後	來	好	相	見
무릇 범	일 사	머무를 유	사람 인	뜻 정	뒤 후	올 래	좋을 호	서로 상	볼 견

為善者는 天報之以福하고
為不善者는 天報之以禍니라.
勿以善小而不爲하고
勿以惡小而爲之하라.

一日行善이면 福雖未至나 禍自遠矣요
一日行惡이면 禍雖未至나 福自遠矣니

順天者는 存하고
逆天者는 亡이니라.
惡이 若滿이면 天必誅之니라.

若人이 作不善하여 得顯名者는
人雖不害나 天必戮之니라.
種瓜得瓜요 種豆得豆니 天網이
恢恢하여 疎而不漏니라.

一日不念善이면
諸惡이 皆自起니라.
見善如渴하고 聞惡如聾하라.
善事란 須貪하고 惡事는 莫樂하라.

癡聾瘂도 家豪富요
智慧聰明도 却受貧이라
年月日時 該載定하니 算來由命不由人이니라.

終身行善이라도 善猶不足이요
一日行惡이라도 惡自猶餘니라.
恩義를 廣施하라 人生何處不相逢이라
讐怨을 莫結하라 路逢狹處면 難回避니라.

行善之人은 如春園之草하여
不見其長이라도 日有所增하고
行惡之人은 如磨刀之石하여
不見其損이라도 日有所虧니라.

勤學篇
근학편
(배움을 부지런히 하는 글)

博學而篤志하고 切問而近思면
박 학 이 독 지　　　　절 문 이 근 사
仁在其中矣니라.
인 재 기 중 의

－ 자하

널리 배워서 뜻을 두텁게 하고, 간절하게 묻고 가까운 것부터 생각해 나
가면 인은 그 가운데 있다.

博	學	而	篤	志	切	問	而	近	思
넓을 박	배울 학	말 이을 이	도타울 독	뜻 지	끊을 절	물을 문	말 이을 이	가까울 근	생각 사

仁	在	其	中	矣					
어질 인	있을 재	그 기	가운데 중	어조사 의					

玉不琢이면 不成器하고
옥 불 탁   불 성 기
人不學이면 不知道니라.
인 불 학   부 지 도

옥은 다듬지 않으면 그릇이 되지 못하고, 사람은 배우지 않으면 도리를
알지 못한다.

玉	不	琢	不	成	器	人	不	學	不
구슬 옥	아닐 불	다듬을 탁	아닐 불	이룰 성	그릇 기	사람 인	아닐 불	배울 학	아닐 부
知	道								
알 지	길 도								

명심보감과 같이 배우는 재미있는 속담

옥도 갈아야 빛이 난다

아무리 소질이 좋아도 이것을 잘 닦고 기르지 아니하면 훌륭한 것이 되지 못한다는 말.
고생을 겪으며 노력을 기울여야 뜻한 바를 이룰 수 있다는 말.

人生不學이면 冥冥如夜行이니라.
인 생 불 학   명 명 여 야 행

사람이 태어나 배우지 않으면 어두운 밤길을 가는 것과 같다.

人	生	不	學	冥	冥	如	夜	行	
사람 **인**	날 **생**	아닐 **불**	배울 **학**	어두울 **명**	어두울 **명**	같을 **여**	밤 **야**	다닐 **행**	

명심보감과 같이 배우는 재미있는 속담

배우는 것은 죽을 때까지 배워도 다 못 배운다
죽을 때까지 배워도 다 배우지 못한다는 뜻으로,
나이가 든 후에도 끊임없이 배우고 수양을 높이는 것이 중요함을 이르는 말.

訓子篇
훈자편
(아들을 가르치는 글)

事雖小나 不作이면 不成이요
사 수 소 부 작 불 성
子雖賢이나 不敎면 不明이니라.
자 수 현 불 교 불 명

— 장자

일이 비록 작더라도 하지 않으면 이루지 못하고, 자식이 비록 어질지라
도 가르치지 않으면 현명하지 못하다.

事	雖	小	不	作	不	成	子	雖	賢
일 사	비록 수	작을 소	아닐 부	지을 작	아닐 불	이룰 성	아들 자	비록 수	어질 현
不	敎	不	明						
아닐 불	가르칠 교	아닐 불	밝을 명						

黃金滿籯이 不如敎子一經이요
황 금 만 영　　불 여 교 자 일 경
賜子千金이 不如敎子一藝니라.
사 자 천 금　　불 여 교 자 일 예
　　　　　　　　　　　　　　　　　　　　　　　　　　　- 한서

황금이 상자에 가득 차 있더라도 자식에게 경서 하나를 가르치는 것만
같지 못하고, 자식에게 천금을 물려주는 것이 재주 한 가지를 가르치는
것만 못하다.

黃	金	滿	籯	不	如	敎	子	一	經
누를 황	쇠 금	찰 만	광주리 영	아닐 불	같을 여	가르칠 교	아들 자	한 일	경서 경
賜	子	千	金	不	如	敎	子	一	藝
줄 사	아들 자	일천 천	쇠 금	아닐 불	같을 여	가르칠 교	아들 자	한 일	재주 예

至樂은 莫如讀書요
지 락　　막 여 독 서
至要는 莫如教子니라.
지 요　　막 여 교 자

지극한 즐거움에는 책을 읽는 것만 한 것이 없고, 지극한 중요함에는 자식을 가르치는 것만 한 것이 없다.

至	樂	莫	如	讀	書	至	要	莫	如
이를 지	즐거울 락	없을 막	같을 여	읽을 독	책 서	이를 지	요긴할 요	없을 막	같을 여

教	子								
가르칠 교	아들 자								

憐兒어든 多與棒하고
연 아 다 여 봉
憎兒어든 多與食하라.
증 아 다 여 식

아이를 사랑하거든 매를 많이 주고, 아이를 미워하거든 먹을 것을 많이
주라.

憐	兒	多	與	棒	憎	兒	多	與	食
불쌍히 여길 **연**	아이 **아**	많을 **다**	줄 **여**	막대 **봉**	미울 **증**	아이 **아**	많을 **다**	줄 **여**	밥 **식**

명심보감과 같이 배우는 재미있는 속담

미운 사람에게는 쫓아가 인사한다

미운 사람일수록 잘해 주고 감정을 쌓지 않아야 한다는 말.

- - - - - - -
비슷한 속담

미운 놈 떡 하나 더 준다
미운 아이 먼저 품어라
미운 쥐도 품에 품는다

爲善者는 天報之以福하고
爲不善者는 天報之以禍니라.
勿以善小而不爲하고
勿以惡小而爲之하라.

一日行善이면 福雖未至나 禍自遠矣요
一日行惡이면 禍雖未至나 福自遠矣니

順天者는 存하고
逆天者는 亡이니라.
惡이 若滿이면 天必誅之니라.

若人이 作不善하여 得顯名者는
人雖不害나 天必戮之니라.
種瓜得瓜요 種豆得豆니 天網이
恢恢하여 疎而不漏니라.

一日不念善이면
諸惡이 皆自起니라.
見善如渴하고 聞惡如聾하라.
善事란 須貪하고 惡事는 莫樂하라.

聾瞶瘖啞도 家豪富요
智慧聰明도 却受貧이라
年月日時 該載定하니 算來由命不由人이니라.

終身行善이라도 善猶不足이요
一日行惡이라도 惡自猶餘니라.
恩義를 廣施하라 人生何處不相逢이라
讐怨을 莫結하라 路逢狹處면 難回避니라.

行善之人은 如春園之草하여
不見其長이라도 日有所增하고
行惡之人은 如磨刀之石하여
不見其損이라도 日有所虧니라.

省心篇
성심편
(마음을 살피는 글)

欲知未來인대 先察已然이니라.
옥 지 미 래   선 찰 이 연

미래를 알고자 한다면 먼저 지나간 일을 살펴야 한다.

欲	知	未	來	先	察	已	然		
하고자 할 **욕**	알 **지**	아닐 **미**	올 **래**	먼저 **선**	살필 **찰**	이미 **이**	그럴 **연**		

명심보감과 같이 배우는 재미있는 속담

새 도랑 내지 말고 옛 도랑 메우지 말라
새로운 법을 내려고 하기보다 오히려 옛 법을 잘 운영함이 나음을 비유적으로 이르는 말.

明鏡은 所以察形이요
명경 소이찰형
往古는 所以知今이니라.
왕고 소이지금

밝은 거울은 얼굴을 살피는 수단이요, 지나간 일은 오늘을 아는 방법이다.

明	鏡	所	以	察	形	往	古	所	以
밝을 **명**	거울 **경**	바 소	써 이	살필 **찰**	모양 **형**	갈 **왕**	옛 고	바 소	써 이

知	今								
알 **지**	이제 **금**								

명심보감과 같이 배우는 재미있는 속담

일이 연장 노릇을 한다
일을 잘하면 남의 존경과 대접을 받게 된다는 말.

過去事는 明如鏡이요
과 거 사 　 명 여 경
未來事는 暗似漆이니라.
미 래 사 　 암 사 칠

지나간 일은 밝기가 거울과 같고 미래의 일은 어둡기가 칠흑과 같다.

過	去	事	明	如	鏡	未	來	事	暗
지날 과	갈 거	일 사	밝을 명	같을 여	거울 경	아닐 미	올 래	일 사	어두울 암
似	漆								
닮을 사	옻 칠								

명심보감과 같이 배우는 재미있는 속담

적을 잘 알고 자신을 잘 아는 자는 백 번 싸워 백 번 이긴다
적에 대하여 구체적으로 알고 자신의 능력과 힘을 잘 알면 싸움에서 언제나 이길 수 있음을 이르는 말.

疑人莫用하고 用人勿疑니라.
의 인 막 용 　 용 인 물 의

의심 드는 사람은 쓰지 말고, 사람을 쓰거든 의심하지 말라.

疑	人	莫	用	用	人	勿	疑		
의심할 의	사람 인	없을 막	쓸 용	쓸 용	사람 인	말 물	의심할 의		

명심보감과 같이 배우는 재미있는 속담

지성이면 감천이다
정성이 지극하면 하늘도 감동한다는 뜻으로, 무슨 일이든지 정성을 다하면 어려운 일도 이룰 수 있다는 말.

海枯終見底나 人死不知心이니라.
해 고 종 견 저　　　인 사 부 지 심

바다는 마르면 마침내 바닥을 볼 수 있으나, 사람은 죽어도 그 마음을 알 수 없다.

海	枯	終	見	底	人	死	不	知	心
바다 해	마를 고	마칠 종	볼 견	밑 저	사람 인	죽을 사	아닐 부	알 지	마음 심

명심보감과 같이 배우는 재미있는 속담

열 길 물속은 알아도 한 길 사람의 속은 모른다
사람 마음은 짐작하여 알기 어렵다는 말.

------ 같은 속담 ------

천 길 물속은 알아도 한 길 사람의 속은 모른다

大富는 由天하고 小富는 由勤이니라.
대부 유천 소부 유근

큰 부자는 하늘에 달려 있고, 작은 부자는 부지런함에 달려 있다.

大	富	由	天	小	富	由	勤		
클 대	부유할 부	말미암을 유	하늘 천	작을 소	부유할 부	말미암을 유	부지런할 근		

명심보감과 같이 배우는 재미있는 속담

하늘은 스스로 돕는 자를 돕는다

하늘은 스스로 노력하는 사람을 성공하게 만든다는 뜻으로, 어떤 일을 이루기 위해서는 자신의 노력이 중요함을 이르는 말.

無藥可醫卿相壽요
무 약 가 의 경 상 수

有錢難買子孫賢이니라.
유 전 난 매 자 손 현

약으로도 재상의 수명을 고칠 수 없고, 돈이 있어도 자손의 현명함을 사기 어렵다.

無	藥	可	醫	卿	相	壽	有	錢	難
없을 무	약 약	옳을 가	의원 의	벼슬 경	서로 상	목숨 수	있을 유	돈 전	어려울 난

買	子	孫	賢						
살 매	아들 자	손자 손	어질 현						

명심보감과 같이 배우는 재미있는 속담

돈 모아 줄 생각 말고 자식 글 가르쳐라

자식을 위하는 가장 좋은 유산은 교육을 잘 시키는 일임을 강조하는 말. 늑황금 천 냥이 자식 교육만 못하다.

水至清則無魚하고 人至察則無徒니라.
수 지 청 즉 무 어   인 지 찰 즉 무 도

- 공자가어

물이 너무 맑으면 고기가 없고, 사람이 너무 살피면 친구가 없다.

水	至	淸	則	無	魚	人	至	察	則
물 수	이를 지	맑을 청	곧 즉	없을 무	물고기 어	사람 인	이를 지	살필 찰	곧 즉

無	徒								
없을 무	무리 도								

공자가어는 350년경에 만들어진 책으로, 공자의 언행과 제자들과 나눈 문답을 정리한 것이다. 공자와 그 제자들의 언행과 사적을 기록한 점에서는 『논어』와 비슷하지만, 작자에 관해서는 삼국시대 말기의 학자 왕숙이 공자의 12세손 공안국(孔安國)의 이름을 빌려 위작한 것이라는 설이 유력하다. 「상로(相魯)」에서 「곡례공서적문(曲禮公西赤問)」까지 10권 44편이다. 이 책이 『논어』와 더불어 널리 읽힌 것은 공자와 그 제자들의 언행을 비교적 쉽게 알 수 있고, 일반적인 처세의 지혜로 활용할 수 있는 내용이 많았기 때문이었을 것으로 추측하고 있다.

經目之事도 恐未皆眞이어늘
경 목 지 사   공 미 개 진
背後之言을 豈足深信이리오.
배 후 지 언   기 족 심 신

눈으로 본 일도 모두 다 참되지는 아니할까 두렵거늘 등 뒤의 말을 어찌 깊이 믿을 수 있겠는가.

經	目	之	事	恐	未	皆	眞	背	後
지날 경	눈 목	갈 지	일 사	두려울 공	아닐 미	다 개	참 진	등 배	뒤 후

之	言	豈	足	深	信				
갈 지	말씀 언	어찌 기	발 족	깊을 심	믿을 신				

器滿則溢하고 人滿則喪이니라.
기 만 즉 일 인 만 즉 상

그릇은 가득 차면 넘치고, 사람은 자만하면 잃는다.

器	滿	則	溢	人	滿	則	喪		
그릇 기	찰 만	곧 즉	넘칠 일	사람 인	찰 만	곧 즉	잃을 상		

명심보감과 같이 배우는 재미있는 속담

자랑 끝에 쉬슨다

너무 자랑하면 그 끝에 말썽이나 화가 생김을 이르는 말. 너무 잘난 체하며 거들먹거리면 일을 그르치게 됨을 이르는 말.

遠水는 不救近火요
원 수　　불 구 근 화
遠親은 不如近隣이니라.
원 친　　불 여 근 린

먼 곳에 있는 물은 가까이서 난 불을 끄지 못하고, 먼 곳의 일가친척은
가까운 이웃만 못하다.

遠	水	不	救	近	火	遠	親	不	如
멀 원	물 수	아닐 불	구원할 구	가까울 근	불 화	멀 원	친할 친	아닐 불	같을 여
近	隣								
가까울 근	이웃 린								

爲善者는 天報之以福하고
爲不善者는 天報之以禍니라.
勿以善小而不爲하고
勿以惡小而爲之하라.

一日行善이면 福雖未至나 禍自遠矣요
一日行惡이면 禍雖未至나 福自遠矣니

順天者는 存하고
逆天者는 亡이니라.
惡이 若滿이면 天必誅之니라.

一日不念善이면
諸惡이 皆自起니라.
見善如渴하고 聞惡如聾하라.
善事란 須貪하고 惡事는 莫樂하라.

若人이 作不善하여 得顯名者는
人雖不害나 天必戮之니라.
種瓜得瓜요 種豆得豆니 天網이
恢恢하여 疎而不漏니라.

終身行善이라도 善猶不足이요
一日行惡이라도 惡自猶餘라.
恩義를 廣施하라 人生何處不相逢이라
讐怨을 莫結하라 路逢狹處면 難回避니라.

癡聾瘖啞도 家豪富요
智慧聰明도 却受貧이라
年月日時 該載定하니 算來由命不由人이

行善之人은 如春園之草하여
不見其長이라도 日有所增하고
行惡之人은 如磨刀之石하여
不見其損이라도 日有所虧니라.

立教篇
입교편
(가르침을 세우는 글)

爲政之要는 曰公與淸이요
위 정 지 요　　　왈 공 여 청
成家之道는 曰儉與勤이니라.
성 가 지 도　　　왈 검 여 근
- 경행록

정치의 요점은 공평과 청렴이요, 집안을 크게 이루는 길은 검소함과 부지런함이다.

爲	政	之	要	曰	公	與	淸	成	家
할 위	정사 정	갈 지	요긴할 요	가로 왈	공평할 공	더불 여	맑을 청	이룰 성	집 가

之	道	曰	儉	與	勤				
갈 지	길 도	가로 왈	검소할 검	더불 여	부지런할 근				

명심보감과 같이 배우는 재미있는 속담

나라가 망하면 충신이 욕을 본다
한 나라의 충신들은 나라와 흥망을 같이함을 이르는 말.

讀書는 起家之本이요 循理는 保家之本이요
독서　기가지본　　　순리　　보가지본

勤儉은 治家之本이요 和順은 齊家之本이니라.
근검　치가지본　　　화순　　제가지본

독서는 집안을 일으키는 근본이요, 이치를 따르는 것은 집을 잘 보존하는 근본이요, 부지런하고 검소한 것은 집을 다스리는 근본이요, 화목과 순종은 집안을 가지런히 하는 근본이다.

讀	書	起	家	之	本	循	理	保	家
읽을 독	글 서	일어날 기	집 가	갈 지	근본 본	돌 순	다스릴 리	지킬 보	집 가
之	本	勤	儉	治	家	之	本	和	順
갈 지	근본 본	부지런할 근	검소할 검	다스릴 치	집 가	갈 지	근본 본	화할 화	순할 순
齊	家	之	本						
가지런할 제	집 가	갈 지	근본 본						

一生之計는 在於幼하고
일 생 지 계　　재 어 유

一年之計는 在於春하고
일 년 지 계　　재 어 춘

一日之計는 在於寅이니
일 일 지 계　　재 어 인

幼而不學이면 老無所知요
유 이 불 학　　　노 무 소 지

春若不耕이면 秋無所望이요
춘 약 불 경　　　추 무 소 망

寅若不起면 日無所辦이니라.
인 약 불 기　　일 무 소 판

- 공자삼계도

공자 삼계도 공자의 삼계도란 공자가 제시한 세 가지 경계를 일컫는다. 즉, 일생지계(一生之計), 일년지계(一年之計), 일일지계(一日之計)의 세 가지 계획을 말함.

일생의 계획은 어릴 때에 있고, 일 년의 계획은 봄에 있으며, 하루의 계획은 새벽에 있다. 어려서 배우지 않으면 늙어서 아는 것이 없고, 봄에 밭을 갈지 않으면 가을에 바랄 것이 없으며, 새벽에 일어나지 않으면 그 날에 하는 일이 없다.

一	生	之	計	在	於	幼	一	年	之
한 일	날 생	갈 지	셀 계	있을 재	어조사 어	어릴 유	한 일	해 년(연)	갈 지
計	在	於	春	一	日	之	計	在	於
셀 계	있을 재	어조사 어	봄 춘	한 일	날 일	갈 지	셀 계	있을 재	어조사 어
寅	幼	而	不	學	老	無	所	知	春
셋째 지지 인	어릴 유	말 이을 이	아닐 불	배울 학	늙을 노	없을 무	바 소	알 지	봄 춘
若	不	耕	秋	無	所	望	寅	若	不
같을 약	아닐 불	밭 갈 경	가을 추	없을 무	바 소	바랄 망	셋째 지지 인	같을 약	아닐 불
起	日	無	所	辦					
일어날 기	날 일	없을 무	바 소	힘들일 판					

爲善者는 天報之以福하고
爲不善者는 天報之以禍니라.
勿以善小而不爲하고
勿以惡小而爲之하라.

一日行善이면 福雖未至나 禍自遠矣오
一日行惡이면 禍雖未至나 福自遠矣니

順天者는 存하고
逆天者는 亡이니라.
惡이 若滿이면 天必誅之니라.

若人이 作不善하여 得顯名者는
人雖不害나 天必戮之니라.
種瓜得瓜요 種豆得豆니 天網이
恢恢하여 疎而不漏니라.

一日不念善이면
諸惡이 皆自起니라.
見善如渴하고 聞惡如聾하라.
善事란 須貪하고 惡事는 莫樂하라.

癡聾瘖도 家豪富요
智慧聰明도 却受貧이라.
年月日時 該載定하니 算來由命不由人이니라.

言語篇
언어편
(말을 조심하는 글)

終身行善이라도 善猶不足이요
一日行惡이라도 惡自猶除니라.
恩義를 廣施하라 人生何處不相逢이랴
讐怨을 莫結하라 路逢狹處면 難回避니라.

行善之人은 如春園之草하여
不見其長이라도 日有所增하고
行惡之人은 如磨刀之石하여
不見其損이라도 日有所虧니라.

言不中理면 不如不言이니라.
언 부 중 리 불 여 불 언

– 유회

말이 이치에 맞지 않으면, 말하지 아니함만 못하다.

言	不	中	理	不	如	不	言		
말씀 언	아닐 부	가운데 중	다스릴 리	아닐 불	같을 여	아닐 불	말씀 언		

명심보감과 같이 배우는 재미있는 속담

말 한마디에 천금이 오르내린다
한 마디 한 마디의 말이 중요하다는 말.

96

一言不中이면 千語無用이니라.
일 언 부 중　　千語無用

한 마디 말이 맞지 않으면, 천 마디 말이 쓸모가 없게 된다.

一	言	不	中	千	語	無	用		
한 일	말씀 언	아닐 부	가운데 중	일천 천	말씀 어	없을 무	쓸 용		

명심보감과 같이 배우는 재미있는 속담

말 한마디로 사람이 죽고 산다

말이란 깊이 생각하여서 신중하게 하여야 한다는 말.

利人之言은 煖如綿絮하고
이인지언   난여면서

傷人之語는 利如荊棘하여
상인지어   이여형극

一言半句에 重値千金이요
일언반구   중치천금

一語傷人에 痛如刀割이니라.
일어상인   통여도할

사람을 이롭게 하는 말은 솜처럼 따뜻하고, 사람을 상하게 하는 말은 가시처럼 날카롭다. 한 마디 말이 사람을 이롭게 함은 천금과 같이 소중하고, 한 마디 말이 사람을 속상하게 함은 칼로 베는 것과 같이 아프다.

利	人	之	言	煖	如	綿	絮	傷	人
이로울 이	사람 인	갈 지	말씀 언	더울 난	같을 여	솜 면	솜 서	다칠 상	사람 인
之	語	利	如	荊	棘	一	言	半	句
갈 지	말씀 어	이로울 이	같을 여	가시나무 형	가시 극	한 일	말씀 언	반 반	글귀 구
重	値	千	金	一	語	傷	人	痛	如
무거울 중	값 치	일천 천	쇠 금	한 일	말씀 어	다칠 상	사람 인	아플 통	같을 여
刀	割								
칼 도	벨 할								

酒逢知己千鍾少요
주 봉 지 기 천 종 소

話不投機一句多니라.
화 블 투 기 일 구 다

술은 나를 알아주는 친구를 만나면 천 잔도 적고, 말은 뜻이 통하지 않으면 한 마디도 많다.

酒	逢	知	己	千	鍾	少	話	不	投
술 주	만날 봉	알 지	몸 기	일천 천	술병 종	적을 소	말씀 화	아닐 불	던질 투

機	一	句	多						
틀 기	한 일	글귀 구	많을 다						

爲善者는 天報之以福하고
爲不善者는 天報之以禍니라.
勿以善小而不爲하고
勿以惡小而爲之하라.

一日行善이면 福雖未至나 禍自遠矣오
一日行惡이면 禍雖未至나 福自遠矣니

順天者는 存하고
逆天者는 亡이니라.
惡이 若滿이면 天必誅之니라.

若人이 作不善하여 得顯名者는
人雖不害나 天必戮之니라.
種瓜得瓜요 種豆得豆니 天網이
恢恢하여 疎而不漏니라.

一日不念善이면
諸惡이 皆自起니라.
見善如渴하고 聞惡如聾하라.
善事란 須貪하고 惡事는 莫樂하라.

癡聾瘖瘂도 家豪富요
智慧聰明도 却受貧이라
年月日時 該載定하니 算來由命不由人이니라.

終身行善이라도 善猶不足이요
一日行惡이라도 惡自猶餘니라.
恩義를 廣施하라 人生何處不相逢이라.
讐怨을 莫結하라 路逢狹處면 難回避니라.

行善之人은 如春園之草하여
不見其長이라도 日有所增하고
行惡之人은 如磨刀之石하여
不見其損이라도 日有所虧니라.

交友篇
교우편
(벗을 사귐에 대한 글)

相識이 滿天下하되 知心能幾人고.
상 식　　만 천 하　　　지 심 능 기 인

서로 얼굴을 아는 사람은 온 세상에 가득하지만 마음을 알아주는 사람이 몇이나 되겠는가?

相	識	滿	天	下	知	心	能	幾	人
서로 상	알 식	찰 만	하늘 천	아래 하	알 지	마음 심	능할 능	몇 기	사람 인

명심보감과 같이 배우는 재미있는 속담

친구는 옛 친구가 좋고 옷은 새 옷이 좋다
친구는 오래 사귄 친구일수록 정이 두텁고 깊어서 좋다는 말.

酒食兄弟는 千個有로되
주 식 형 제   천 개 유
急難之朋은 一個無니라.
급 난 지 붕   일 개 무
                                        - 장자

술과 음식을 함께 먹을 형제는 많으나, 급하고 어려울 때 도와줄 친구는
한 사람도 없다.

酒	食	兄	弟	千	個	有	急	難	之
술 주	밥 식	형 형	아우 제	일천 천	낱 개	있을 유	급할 급	어려울 난	갈 지

朋	一	個	無						
벗 붕	한 일	낱 개	없을 무						

명심보감과 같이 배우는 재미있는 속담

사람의 속은 눈을 보아야 안다
눈에는 그 사람의 마음이 그대로 반영되므로, 눈을 보면 그 사람의 속마음을 짐작할 수 있음을 이르는 말.

不結子花는 休要種이요
불 결 자 화　　휴 요 종
無義之朋은 不可交니라.
무 의 지 붕　　불 가 교

열매를 맺지 않는 꽃은 심지 말 것이요, 의리 없는 친구는 사귀지 말라.

不	結	子	花	休	要	種	無	義	之
아닐 불	맺을 결	아들 자	꽃 화	쉴 휴	요긴할 요	씨 종	없을 무	옳을 의	갈 지

朋	不	可	交						
벗 붕	아닐 불	옳을 가	사귈 교						

명심보감과 같이 배우는 재미있는 속담

의리는 산 같고 죽음은 홍모 같다

의리는 산같이 무겁고 죽음은 기러기의 털과 같이 가볍다는 뜻으로, 의리를 위하여 죽음을 가볍게 여기는 경우를 이르는 말.

君子之交는 淡如水하고
군 자 지 교   담 여 수
小人之交는 甘若醴니라.
소 인 지 교   감 약 례

군자의 사귐은 담박하기가 물 같고, 소인의 사귐은 달콤하기가 단술 같다.

君	子	之	交	淡	如	水	小	人	之
임금 군	아들 자	갈 지	사귈 교	맑을 담	같을 여	물 수	작을 소	사람 인	갈 지
交	甘	若	醴						
사귈 교	달 감	같을 약	단술 례						

명심보감과 같이 배우는 재미있는 속담

선비 논 데 용 나고 학이 논 데 비늘이 쏟아진다

훌륭한 사람의 자취나 착한 행실은 반드시 좋은 영향을 끼친다는 것을 비유적으로 이르는 말.

路遙知馬力이요 日久見人心이니라.
노 요 지 마 력　　　일 구 견 인 심

길이 멀어야 말의 힘을 알 수 있고, 날이 오래되어야 사람의 마음을 볼 수 있다.

路	遙	知	馬	力	日	久	見	人	心
길 노(로)	멀 요	알 지	말 마	힘 력	날 일	오랠 구	볼 견	사람 인	마음 심

명심보감과 같이 배우는 재미있는 속담

물은 건너보아야 알고 사람은 지내보아야 안다
사람은 겉만 보고는 알 수 없으며, 서로 오래 겪어 보아야 알 수 있음을 이르는 말.

爲善者는 天報之以福하고
爲不善者는 天報之以禍니라.
勿以善小而不爲하고
勿以惡小而爲之하라.

一日行善이면 福雖未至나 禍自遠矣요
一日行惡이면 禍雖未至나 福自遠矣니

順天者는 存하고
逆天者는 亡이니라.
惡이 若滿이면 天必誅之니라.

一日不念善이면
諸惡이 皆自起니라.
見善如渴하고 聞惡如聾하라.
善事란 須貪하고 惡事는 莫樂하라.

若人이 作不善하여 得顯名者는
人雖不害나 天必戮之니라.
種瓜得瓜요 種豆得豆니 天網이
恢恢하여 疎而不漏니라.

癡聾瘖도 家豪富요
智慧聰明도 却受貧이라
年月日時 該載定하니 算來由命不由人이니라.

終身行善이라도 善猶不足이요
一日行惡이라도 惡自猶餘니라.
恩義를 廣施하라 人生何處不相逢이라
讐怨을 莫結하라 路逢狹處면 難回避니라.

行善之人은 如春園之草하여
不見其長이라도 日有所增하고
行惡之人은 如磨刀之石하여
不見其損이라도 日有所虧니라.

勸學篇
권학편
(배움을 권하는 글)

勿謂今日不學而有來日하며
물 위 금 일 불 학 이 유 래 일
勿謂今年不學而有來年하라.
물 위 금 년 불 학 이 유 래 년
日月逝矣라 歲不我延이니
일 월 서 의 세 불 아 연
嗚呼老矣라 是誰之愆고.
오 호 노 의 시 수 지 건

– 주자

주자 본명은 주희. 송대의 유학자이자 사상가. 송의 유학을 집대성하고 체계화하여 주자학을 완성시켰다. 『사서집주
(四書集註)』, 『태극도설(太極圖說)』, 『가례(家禮)』등 40권에 달하는 사서를 남겼다. 송학(宋學), 이학(理學), 도학(道學),
성리학(性理學)으로도 불리는 주자학은 젊은 지식층이었던 사대부들의 마음을 사로잡았고, 송대 이후 중국 사상계의 기
초가 되면서 외국 문물이 본격적으로 유입되는 청대까지 그 생명을 이어나갔으며, 한국과 일본 등의 인접 국가에까지 영
향을 미쳤다.

오늘 배우지 않고 내일이 있다고 말하지 말며, 금년에 배우지 않고 내년이 있다고 말하지 말라. 해와 달은 가니 세월은 나를 기다려 주지 않는다. 아! 늙었구나. 이 누구의 허물인가?

勿	謂	今	日	不	學	而	有	來	日
말 물	이를 위	이제 금	날 일	아닐 불	배울 학	말 이을 이	있을 유	올 래	날 일
勿	謂	今	年	不	學	而	有	來	年
말 물	이를 위	이제 금	해 년	아닐 불	배울 학	말 이을 이	있을 유	올 래	해 년
日	月	逝	矣	歲	不	我	延	嗚	呼
날 일	달 월	갈 서	어조사 의	해 세	아닐 불	나 아	늘일 연	슬플 오	부를 호
老	矣	是	誰	之	愆				
늙을 로	어조사 의	이 시	누구 수	갈 지	허물 건				

少年易老學難成하니
소 년 이 로 학 난 성

一寸光陰不可輕이라.
일 촌 광 음 불 가 경

未覺池塘春草夢하여
미 각 지 당 춘 초 몽

階前梧葉已秋聲이라.
계 전 오 엽 이 추 성

少	年	易	老	學	難	成	一	寸	光
적을 소	해 년	쉬울 이	늙을 로	배울 학	어려울 난	이룰 성	한 일	마디 촌	빛 광
陰	不	可	輕	未	覺	池	塘	春	草
그늘 음	아닐 불	옳을 가	가벼울 경	아닐 미	깨달을 각	못 지	못 당	봄 춘	풀 초
夢	階	前	梧	葉	已	秋	聲		
꿈 몽	섬돌 계	앞 전	오동나무 오	잎 엽	이미 이	가을 추	소리 성		

소년은 늙기 쉽고 학문은 이루기 어려우니, 짧은 시간이라도 가벼이 여기지 말라. 못가의 봄풀은 꿈에서 아직 깨지 못했는데, 섬돌 앞의 오동나무는 벌써 가을 소리를 내는구나.

공부는 늙어 죽을 때까지 해도 다 못한다

지식을 넓히고 수준을 높이기 위해서는 일생 동안 끊임없이 배우고 학습해야 함을 강조하여 이르는 말.

不積蹞步면 無以至千里요
부 적 규 보   무 이 지 천 리

不積小流면 無以成江河니라.
부 적 소 류   무 이 성 강 하

– 순자

반걸음을 쌓지 않으면 천 리에 이르지 못하고, 작은 물이 모이지 않으면 강과 바다를 이룰 수 없다.

不	積	蹞	步	無	以	至	千	里	不
아닐 부	쌓을 적	반걸음 규	걸음 보	없을 무	써 이	이를 지	일천 천	마을 리	아닐 부
積	小	流	無	以	成	江	河		
쌓을 적	작을 소	흐를 류	없을 무	써 이	이룰 성	강 강	물 하		

순자 공맹사상(孔孟思想)을 가다듬고 체계화했으며, 사상적인 엄격성을 통해 이해하기 쉽고 응집력 있는 유학사상의 방향을 제시했다. 유학사상이 2,000년 이상 전통으로 남아 있을 수 있었던 것은 많은 부분에 있어서 유교철학을 위해 공헌한 순자 때문이라고 해도 과언이 아니다. 그의 생애와 활동에 대해서는 정확히 알려져 있지 않으며, 순자가 남긴 가장 유명한 말은 다음과 같다. "인간의 본성은 악하다. 선한 것은 수양에 의한 것일 뿐이다."